季刊 考古学 第16号

特集 古墳時代の社会と変革

● 口絵(カラー)　"古式群集墳"
　　　　　　　古墳時代のムラ
　　　　　　　5世紀の倉庫群と豪族の居館？
　(モノクロ)　古墳時代の開発
　　　　　　　横穴墓の副葬品
　　　　　　　古墳時代の祭祀
　　　　　　　工人のすまいと農民のムラ

「古墳時代の社会」追究の視角
　　　　　　　　　　　　　　　　　岩崎卓也　(14)

古墳からみた社会の変化
　墳丘墓から古墳へ──────────望月幹夫　(18)
　前方後円墳と古墳群─────────関根孝夫　(22)
　古墳の形態と規模の語るもの─────水野正好　(26)
　群集墳をのこした人々──────利根川章彦　(30)
　横穴墓の被葬者────────────竹石健二　(34)
　副葬品が語る被葬者像─────────小林三郎　(38)

生活遺構からみた社会の変化
　集落からみた社会の変化─────────大村　直　(42)
　豪族居館が語るもの─────────小笠原好彦　(46)
　開発の諸段階と集団関係──────────広瀬和雄　(50)

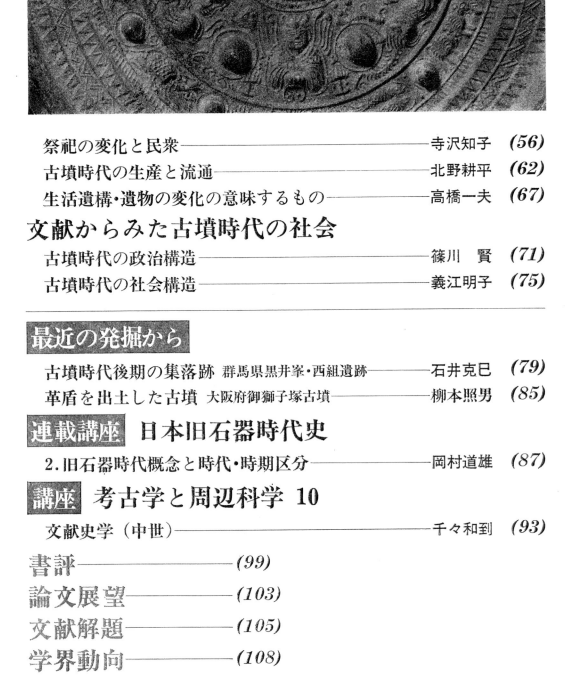

祭祀の変化と民衆————————————————寺沢知子 (56)
古墳時代の生産と流通————————————————北野耕平 (62)
生活遺構・遺物の変化の意味するもの————————高橋一夫 (67)

文献からみた古墳時代の社会

古墳時代の政治構造————————————————篠川　賢 (71)
古墳時代の社会構造————————————————義江明子 (75)

最近の発掘から

古墳時代後期の集落跡 群馬県黒井峯・西組遺跡————石井克巳 (79)
革盾を出土した古墳 大阪府御獅子塚古墳————————柳本照男 (85)

連載講座　日本旧石器時代史

2．旧石器時代概念と時代・時期区分————————岡村道雄 (87)

講座　考古学と周辺科学 10

文献史学（中世）————————————————千々和到 (93)

書評————————(99)
論文展望————————(103)
文献解題————————(105)
学界動向————————(108)

表紙デザイン／目次構成／カット
／サンクリエイト

〝古式群集墳〟

群集墳といえば，横穴式石室と多葬に特色づけられる6〜7世紀の小規模古墳群だと考えられてきた。ところが群集墳にも，4〜5世紀に遡って形成されたものが少なくないことがわかってきた。これらは古式小墳群とか初期群集墳などと呼ばれ，埋葬施設も異なる。いま，葬られた人びとの性格をめぐる論議がたたかわされている。

　　　　　　構　成／岩崎卓也

奈良県新庄町寺口和田古墳群
4世紀末か5世紀初頭から続く
県立橿原考古学研究所提供

奈良県当麻町的場池古墳群
5世紀中葉から続く
県立橿原考古学研究所提供

**群馬県粕川村
白藤新宿古墳群**
5世紀末〜6世紀前半
粕川村教育委員会提供

古墳時代のムラ

方形周溝墓を伴う集落跡（三重県松阪市草山遺跡）
松阪市教育委員会提供

古墳時代初頭の集落跡（愛知県清洲町廻間遺跡）
愛知県埋蔵文化財センター提供

弥生時代後期に盛期をおく三重県草山遺跡では，居住区にほど近い方形周溝墓群が見つかった。愛知県廻間遺跡の前期のムラでも，至近距離から前方後方型周溝墓が検出され話題を呼んだ。
いっぽう，大阪府大園遺跡のムラでは，溝で画した家地が早くも5世紀に出現したことを明らかにした。
東国でも，6世紀の群馬県黒井峯遺跡で，垣根・竪穴・平地住居・小さな畑などが火山灰下から発見され，家地・経営主体などの問題に一石を投じた。

構成／岩崎卓也

5世紀後半〜6世紀末の集落跡（大阪府高石市・和泉市大園遺跡）
左が6世紀後半の掘立柱建物跡，右は一部平安時代中期の集落を含む。　大阪府教育委員会提供

個別の畠を伴った集落跡（群馬県子持村黒井峯遺跡）
子持村教育委員会提供

5世紀の倉庫群と豪族の居館？

群馬県三ツ寺遺跡の発見は，ながく想定されてきた古墳時代首長居館の存在を実証した。栃木県成沢遺跡のような，5世紀に遡る堀と柵をめぐらした建物群も発見例をましている。ともに大型古墳近くの川べりに位置する。
和歌山県鳴滝遺跡の7棟もの巨大高倉群は，それが紀ノ水門に近いことから，貿易倉庫・武器庫説まで出された。いずれにせよ，首長層の管理下にあったのは確かである。

構　成／岩崎卓也

5世紀の豪族の館跡？
(栃木県小山市成沢遺跡)
栃木県文化振興事業団提供

5世紀の倉庫群
(和歌山市鳴滝遺跡)
和歌山県教育委員会提供

古墳時代の開発

群馬県下では,古墳時代にいくたびか火山灰が水田を埋めつくした。その都度新たな開田が行なわれたが,数集落にわたるような組織的作業はあとづけられていない。
一方,先進的な近畿圏では,やや大がかりな開発もみられた。天理市布留の大溝は,農業用水路として開かれた『履中紀』にいう石上溝に擬する人も多い。

構 成／岩崎卓也

↑群馬県高崎市同道遺跡
古墳時代初頭の水田跡
群馬県埋蔵文化財調査事業団提供

↑奈良県天理市布留「石上溝」
5世紀代(上は溝の拡大写真)
幅13m,深さ2mほどで石敷を伴っている
埋蔵文化財天理教調査団提供

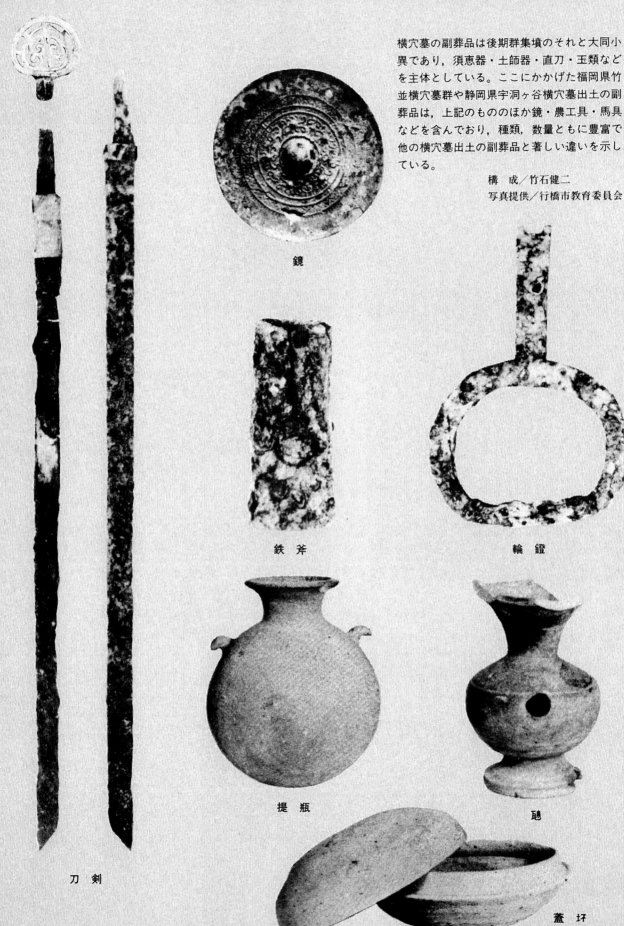

横穴墓の副葬品 ―福岡県竹並横穴墓群―

横穴墓の副葬品は後期群集墳のそれと大同小異であり，須恵器・土師器・直刀・玉類などを主体としている。ここにかかげた福岡県竹並横穴墓群や静岡県宇洞ヶ谷横穴墓出土の副葬品は，上記のもののほか鏡・農工具・馬具などを含んでおり，種類，数量ともに豊富で他の横穴墓出土の副葬品と著しい違いを示している。

構　成／竹石健二
写真提供／行橋市教育委員会

古墳時代の祭祀

古墳時代には，政治上の必要から，福岡県沖ノ島にみるような，国家的な祭祀も出現するが，民衆生活に根ざした祭りもまた，いろいろと分化した。執行者も大首長・小首長・家長など多様だったろう。降臨する神の依代には，滑石製の鏡・剣・玉などを下げた青木が使われたことだろう。

　　　　　　　　　構　成／岩崎卓也

水神の祭祀（長野市駒沢新町遺跡）
古墳時代中期。下の写真は土製鏡出土状態
　　　森嶋　稔氏提供

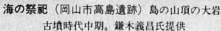

海の祭祀（岡山市高島遺跡）島の山頂の大岩
古墳時代中期。鎌木義昌氏提供

橋際の祭祀（兵庫県姫路市長越遺跡）
古墳時代初頭。遺物は左から勾玉，剣形品，双孔円板。兵庫県教育委員会提供

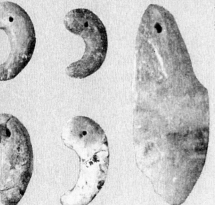

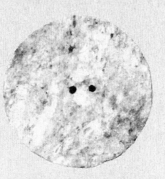

工人のすまいと農民のムラ

特殊な技術を必要とする玉作りなども，はじめは農閑期や生業の合間の仕事だったろう。ただ，ムラうちから発見される工房跡には，専用工房もあれば住まいを兼ねるもの，また1つだけある場合と群在する場合もあり，専業化への道をあとづける重要な手がかりを提供してくれる。

構　成／岩崎卓也

茨城県勝田市馬渡遺跡の工房跡
手前の長方形遺構が工房跡。左の窪みは工房に付属する施設で，原料粘土貯蔵場所か。奥は5世紀の住居跡。明治大学考古学博物館提供

群馬県高崎市下佐野遺跡の工房跡と勾玉工程図　群馬県埋蔵文化財調査事業団提供

群馬県藤岡市竹沼遺跡発見の工房跡
2基のカマドをもち，住居をかねた工房だった疑いがある
　藤岡市教育委員会提供

栃木県小山市下犬塚遺跡の環濠集落
五領式期の住居10軒が発見された
　小山市教育委員会提供

季刊 考古学

特集

古墳時代の社会と変革

特集●古墳時代の社会と変革

「古墳時代の社会」追究の視角

筑波大学教授 岩崎卓也
（いわさき・たくや）

前方後円墳に象徴される古墳時代の社会は古墳はもちろん，祭祀，開発，流通，集落跡などの多角的な検討から復原されねばならない

1 古墳からのアプローチ

　社会という言葉は，狭く用いることもできるが，「世の中」というほどに幅広く使うことも可能である。このたびは，幅のある言葉と解して特集を組んでいる。これは，狭義の社会を考える場合でも，同時代資料を網羅して，多角的に検討をする必要があるとの意図をこめてのことである。
　いうまでもなく古墳時代とは，前方後円墳をその典型とする古墳が時代を象徴する段階で，統一国家形成に向けて激動した時代だといわれている。しかし実のところ，この時代を階級社会成立以前とみるのか否か，という基本的な点においても，大方の合意があるとは思われない。前方後円墳は同祖・同族関係を紐帯として結ばれた，ヤマトを中核とする首長連合の表象であるとする説が有力である。そして首長と民衆の間もまた，擬制であるにせよ，同族関係で結ばれていたと想定するむきが強い。これが当を得た解釈だとすれば，古墳時代の社会関係には血縁原理が貫徹していたのだから，いわゆる階級社会とは区別しなければならないことになる。
　また，前方後円墳が一貫して同祖・同族関係を象徴し続けていたとするのなら，エジプトのピラミッドや秦の始皇帝陵に比肩するとして，伝仁徳陵古墳（大山古墳）を並べるのは，本質を見失った対比だということになるだろう。私たちは，首長相互・首長と民衆とのかかわり，そして民衆組織の推移など，古墳を通じて解明すべき作業を数多く抱えているのである。
　上記した問題を含め，古墳にこめられたイデオロギーを明らかにする上で，古墳出現への評価を正しく行なう必要がある。これまでに，近藤義郎教授をはじめ多くの人びとによって見解が開陳されている[1]ことが端的に物語るように，「墳丘墓」と「古墳」をめぐる問題は，とくに重要である。これまた未解決な問題を数多く内包するが，それへのアプローチの一つとして，当面私は古墳の円丘が何に由来するかを明らかにせねばならないと考えている。弥生時代墓が方形を基調とすることを思えば，円丘のモチーフを列島内に求めるのは困難なように思える。岡山県楯築墳丘墓などの二重の木槨の存在をも考え合せて，広くアジア諸地域に目くばりをする必要があるだろう。もっとも，中国などの王墓は方丘を原則とする上，魏晋代のそれは墳丘をきわだたせなかったところにむしろ特色がある。したがって，私は「天円地方」の思想，物象としては「郊祀」の祭壇との関連を重視している。そうであるなら，方形を基調とする古墳の意義も限定されることになろう。
　このように考える私は，古墳の被葬者に神性，近藤義郎教授の言葉を借りるなら，「神と居所を共にする祖霊の世界」[2]を認めたいのである。『三国志』魏書明帝紀景初元年条の裴松之注に，天帝を祀る円丘に始祖帝舜を配したと記されているのは，きわめて興味がある。生存中は神を招く特別な霊力の保持者として，そして死後はその神と居所を共にするという，首長個々人のカリスマ性こ

そが必要とされた時代だったと考えたい。したがって，首長の地位も死んだ首長の嫡流がそれをうけつぐ必然は必ずしも存在しなかったと解したい。古式古墳の存在形態は，このような想定を肯定するかのように思えるのである。

首長と民衆との関係も当然階級的な対立関係以前のものであるのが通常だったろう。長野県森将軍塚古墳などにみる，墳頂・墳麓の多数埋葬もまた首長と民衆との密着した集団関係を反映すると考えておきたい。

大陸との活発な交流は，4世紀末ごろにはかずかずの新技術・新知識をもたらし，ヤマト王権の基盤づくりに貢献したに違いない。渡来者集団の組織化，流通過程などの問題処理のため，王権の政治機構は大陸の影響をも受けて，急速に整備・拡充されたことだろう。このようにして固まった王権基盤の圧倒的な優位性により，5世紀後半期ともなると，古墳の存在形態に大きな変化がみられるようになる。

初期群集墳・古式群集墳あるいは古式小墳群など，いろいろな名称で呼ばれる小規模古墳群は，すでに4世紀に出現をみるが，それが急速に形成されるのは，この頃からである。従来の有力政治集団の連合による，やや私的な色彩をとどめた政治機構に，実務執行者としての中小集団の大幅な加入の結果とみてよいだろう。ようやく公権力たるにふさわしい執行機関の様態となったのである。このような動向は，いっぽうで連合体を構成していた中央・地方の在来首長集団の没落をもたらした。吉備地方の巨大古墳の消滅，武蔵にみる巨大古墳分布中枢の変動などは，こうした政治情勢の反映とみたい。新興勢力に，ヤマト王権の官僚的色彩が強まったことは，埼玉県稲荷山古墳鉄剣銘などからも指摘することができる。

古墳のあり方にみる変動を念頭におきつつ，私は，6世紀に入る頃には「血統カリスマ」の時代に移行していったであろうと述べたことがある。血統カリスマという用語は，湯浅泰雄氏からの借用である。もはや首長個人のカリスマ性に依拠する時代は過ぎ，単一の祖先に連なる血統の高貴さが拠りどころとなる新たな展開，すなわち氏（ウヂ）姓（カバネ）による支配秩序が成立するのだろうと想定したのである。私見をもってすれば，前方後円墳から，同祖・同族関係の証しという属性が消滅したということである。横穴式石室

の普遍化へのみちとも，無関係ではあるまい。

6世紀に始まる群集墳の形成は，古式群集墳とはまた異なる展開のしかたを示す。群集墳は，内に奴隷さえ包みこむほどに成長をとげた有力家父長制的家族の析出を背景に成立したと説かれてきた。しかし，その後の調査・研究の成果は，それだけでは群集墳の形成を説明しきれないことを明らかにした。軍事編成の問題など，国家的秩序とのかかわりでこれを理解しようとするむきも強いようである。古式群集墳との関係や横穴墓の問題など未解明の問題が山積している。

2　祭祀遺跡問題の二，三

政治を「まつりごと」と呼ぶことが端的に示すように，古代においては祭祀の役割がきわめて大きかったと考えられている。したがって祭祀をあとづける中から導き出せる問題解決への端緒も多岐にわたるに違いない。宗教意識など精神生活面はもちろん，祭祀を媒介に，首長と民衆，また民衆相互の結びつきの様態をも明らかにしうるだろう。かつて小林行雄博士は，すぐれた司祭者なるが故に首長たりえた首長が，ヤマト王権と政治的関係を結んで政治的首長に生まれかわったとき，古墳の築造が始まったと説かれた[3]。この学説そのものは，いくつかの点で修正を必要とするに至ったが，首長と民衆との関係変化の方向を明示している。

もちろん司祭者的首長といっても，地域集団にかかる祭りのすべてを実修したわけではない。集団の拡大は，ますますその傾向を助長し，首長が執行すべき祭祀は，予祝・収穫など年間を通じての節目ともいうべきものに限られるようになったろう。民衆の日常生活に密着した中・小の祭祀は，もちろん実修の主体をそれぞれ異にした。それらもまた，複雑な社会関係の変化を反映したに違いない。その意味で，亀井正道氏が古墳時代祭祀を畿内型と在地型祭祀とに二大別された[4]視点は支持できるのである。前者は福岡県沖ノ島や奈良県石上神宮禁足地などにみられる祭祀で，ヤマト王権の手で実修されたと想定されるものである。後者は峠・山・水などの自然神祭祀で，列島内各地でその痕跡が発見されている。私は前者を政治的祭祀，後者を民俗的祭祀と呼んでいるが，興味深いことに鏡・剣・玉三種の滑石製模造品を青木に懸けて依代としたと推測できる初源は，民

15

俗的祭祀に見いだされそうである。『日本書紀』仲哀天皇条などに散見される伊覩県主の祖らが天皇を迎えるさまは，神宝を献上させその司祭権を奪取することを示すといわれるが，私は高貴な人を迎える情景描写に，民俗的祭祀で神を迎えるべく青木を立てたさまが利用されたと考える余地があると思っている。あるいは「三種の神器」さえも，この習俗に発した疑いが濃いと考えるのである。民衆の祭祀が，無視できないほどの高まりをみせてきたのであろう。

3 開発をめぐる問題

中国の史書には，弥生時代中，後期のころ，列島内に国名を冠した「小国家」が存在したと記している。これら地域的なまとまりは河川単位に形成されたと想定されている。それは，列島内の農耕が水を不可欠とする稲作を根幹としていたため，灌漑用水の調節が川筋単位で行なわれたのは当然のなりゆきであった。こうして形成された河川を媒介とする部族連合が，中国人に国家と映じたというのである。

しかし，その後の調査の進展にもかかわらず，大規模灌漑で結ばれた地域連合の存在は，まだ裏付けられてはいない。この列島の稲作は，その当初から水田に水路が併設されるほどの進んだものだったが，灌水施設の大規模化は推測されていたより，ずっと遅れるらしいのである。記紀の記述や新型鉄製農具の出現から想定された5世紀の大開発さえも，いまだに証明しきれないばかりか，むしろ否定的な見解の方が多い[5]。そして現況では，古墳時代を通じて制御・利用しえたのは，中・小河川だけであり，用水で結ばれた集団規模も大きなものではなかったとするむきが強い。また群馬県下の例は，他集団とはかかわりもない「溜井」灌漑さえ盛行していたことを教える。

中・小規模開発が主流だとすれば，協業規模も大きくはなかったろうから，従来の集団関係を再編するようなこともなく，開発主体が土地占取の主体となるものなら，大首長による一元的土地所有などという事態は，それらを通じては起こらなかったろう。いやむしろ民衆の相対的自立性を強める方向で機能することもあったかもしれない。

4 流通と鉄器保有の問題

ところで，前期古墳の分布状況をみると，灌漑用水に利用するには至らなかった，中規模ときに大規模河川流域が一単位の政治圏を構成していたかにみえる。広大な氾濫原を有する大規模河川は，自然堤防と後背湿地とを提供してくれるが，そのことが同一河川ぞい諸部族の結集を促進するものではあるまい。ここで想起されるのは，かつて小林行雄博士が京都府椿井大塚山古墳の被葬者を，木津川の水運とのかかわりで考えようとされた視点である[6]。

近年の分析化学の成果は，日本列島で鉄生産開始期を5世紀中葉以降に考えさせるデータを提供している。いま少し分析結果の増加をまつ必要があるが，農工具・武器生産に必要な鉄資源の多くを，大陸に求めた蓋然性は高い。また大陸渡来の技術者による新製品，あるいは技術そのものも，列島内各地で必要不可欠だったろう。必需物資の確保と供給こそ在地首長の重大な役割だったろうし，そのさい河川は大量運搬に有効な交通手段たりえたろう。流通組織の整備や技術者の組織化などは，王権の手で進められた。流通過程確保という共同の利益のための軍事組織も編成され，それらを媒介に王権はさらに優位性を強めたことであろう。

民衆と首長との間でも，必需物資の再配分は首長らの民衆支配の具と化していったろう。しかし，一般にいわれるように，鉄製鍬先などの一括所有と民衆への貸与という図式などを過大に評価するのは危険である。元来鉄製品は遺存しにくいものである。群馬県柳久保遺跡は，5世紀のムラ跡だが，ここでは5竪穴中3竪穴から鉄製品が出土し，うち1点は鍬先であった。また，千葉県日秀西遺跡では6，7世紀の竪穴177が発見されたが，うち82竪穴から鉄器が出土し，その総数は百数十点に上っている。これら保有率の高いムラが特別なのか，あるいは単に物理的保存条件に恵まれていたのかは，なお検討を要するにせよ，鉄製品はかなりの世帯で保有しえたと考えてよい。鍬・鋤先の出土例の乏しさや，律令官人の季禄に鍬が含まれていることなどから，耕具としての鉄製鍬・鋤先の保有状況をとくに重視するむきもある。しかし，近年発見される古墳時代の木製農具類の多くは鉄製の先金を付けていないから，日常的な農作業などには，それらを必要としない営農形態を想定してみる必要がある。開発・畑作などとのかかわりなどは，今後十分に追究されねばな

るまい。それとともに，鉄器保有竪穴のムラにおけるあり方についても，多角的な検討と解釈を加えていかねばなるまい。

5　集落遺跡研究の視角

　集落研究に先駆的業績をのこした和島誠一氏は，この研究は共同体の変遷過程把握をこそ第一義と考えられた[7]。その後の研究に与えた影響がきわめて大きいことは言うまでもない。また，近藤義郎教授は，共同体における経営・消費単位としての「単位集団」の摘出を行ない，その意義に言及された[8]。この単位集団は，世帯共同体，家族体などいろいろな言葉で把握されているが，その自立度をめぐる見解は一致をみていない[9]。それにもまして，この単位集団の構成要素である世帯すなわち１竪穴の居住者たちの把握ともなると，とらえ方はさらに曖昧化する。このあたりの論議になると，律令制下の戸籍の評価などが絡むことになる。文献による古代史学の成果への配慮，歴史をみる視角も固めねばなるまい。

　ほかに，社会人類学的視座からの集落分析も進行しつつあるが，両者はまだ十分に噛みあってこない。いずれにせよ，研究者ひとりひとりが，婚姻・居住規定・族制などにかかわる概念を明確にする必要があるだろう。

　考古学からする集落分析の根本は，集落遺跡における基本単位の摘出と，それらの空間また動産（この場合は遺物に限られる）占取状況の把握にある。かつて竪穴住居の段階には，まだ家地占取などは行なわれるに至らなかった，という意見も有力だった。群馬県黒井峯遺跡の結果は，それらに否定的根拠を与えた。また，従来接近しあう竪穴群をもって単位の把握が試みられてきたが，同時共存した竪穴間の距離が予期以上に隔たることも判明し，従来の方法への警鐘となった。

　集落を構成する掘立柱建物や竪穴が，すべて同一の機能を果たしたとは考えがたい。同じ竪穴でも，玉作り専用の工房などもあるから，竪穴数がそのまま世帯数を示さない場合も想定してみる必要がある。そうなれば，それらの使用区分の追究もまた，集団関係把握への手がかりたりうる。また，竪穴住居址の遺物から家族関係の変容を求めようという視角[10]も大切だし，それらから民衆生活のさまを敏感にあとづける作業も重要である。

　集落内における世帯・世帯群のあり方は多角的に把握されねばならないが，それとは別に，村落としての景観把握も試みられねばならない。また時間とともに変動する集落の動きを把握する視角が必要である。集落の形成と廃絶，統合・分離などは，争乱，耕地の荒廃，新技術による耕地の拡大，権力による強制など，さまざまな要因が想定できる。いずれにせよ，集落の廃絶がそのまま住人の消滅を意味するわけではないから，その動きをおさえる必要がある。千葉県野田市域には，五領式期の遺跡が極めて多いのに，以降のそれはむしろ乏しい。下津谷達男氏の教示によれば，隣接する流山市域では全く逆の姿がみられるという。こうなると，両市域にまたがる広域の中で，相互の関連の有無を追跡する必要があろう。

　共存する遺跡相互の関係も，地域圏単位で明らかにせねばならない。これは拠点ムラと周辺ムラ，親ムラと子ムラ等々のレベルでとどめるのではなく，近年群馬県下で畑作依存のムラの存在が確かめられてきたが，集落立地が相異なるムラつまり生業を異にするムラの集合体としての地域圏把握も必要である。近年発見が相次ぐ「豪族居館」も，その生成過程の追究を含めてこれらの中に正当に位置づけられる必要があろう。

註
1)　近藤義郎「前方後円墳の成立をめぐる諸問題」考古学研究，31—3，1984，石野博信「古墳発生のなぞ」考古学の謎を探る，帝塚山大学考古学研究室，1981 など
2)　近藤義郎『前方後円墳の時代』岩波書店，1984
3)　小林行雄「古墳の発生の歴史的意義」史林，38—1，1955
4)　亀井正道「海路の祭り」日本の古代信仰，3，1980
5)　広瀬和雄「古代の開発」考古学研究，30—2，1983 など
6)　小林行雄　前掲註 3)
7)　和島誠一「原始聚落の構成」日本歴史学講座，学生書房，1948
8)　近藤義郎「共同体と単位集団」考古学研究，6—1，1959
9)　都出比呂志「はたして郷戸は最初の個別経営か」日本史研究，187，1977 など
10)　高橋一夫「石製模造品出土の住居址とその性格」考古学研究，18—3，1971 など

特集●古墳時代の社会と変革

古墳からみた社会の変化

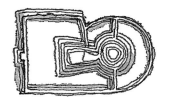

弥生時代から古墳時代への転換が意味するものは何か。また古墳の形とその分布，群集墳，横穴墓などは何を物語るのだろうか

墳丘墓から古墳へ／前方後円墳と古墳群／古墳の形と規模／群集墳をのこした人びと／横穴墓の被葬者／副葬品にみる被葬者像

墳丘墓から古墳へ

東京国立博物館
望月幹夫
（もちづき・みきお）

前方後円墳の成立は弥生時代の枠の中にあった墳丘墓から大きく飛躍した一大画期であったが，古墳の開始については意見がわかれている

　古墳時代を代表する墳墓は何といっても前方後円墳である。この前方後円墳の起源などをめぐっては江戸時代から議論されてきているが，いまだに解決したとは言いがたい。しかし，最近，最古型式の前方後円墳の探求と弥生時代の首長墓の研究が各地で進み，問題解決に向けての進展がみられる。

　今から20年ほど前までは，弥生時代の墓といえば，北九州の集団墓，東日本の再葬墓などが著名なだけだった。しかし1965年に大場磐雄氏が八王子市宇津木向原遺跡の調査において，溝で囲まれ，中央に土壙をもった遺構を「方形周溝墓」と名づけてからは各地でその類例が発見されるようになった。

　今までの集団墓と異なり，溝で他と区別された墓地の発見は，弥生墓制研究の上で重要であっただけでなく，古墳の発生を考える上でも重要であった。その後，地山の削り出しによる墳丘をもつ方形台状墓や盛土による墳丘をもつ墳丘墓という概念も現われ，古墳時代への見通しが少しずつ立ってきた反面，かえって問題が複雑になった一面もある。

　前方後円墳の成立について考える前に，弥生時代の状況を一部の地域でみておきたい。

1　弥生時代の首長墓

（1）関東地方

　関東地方に特徴的な区画墓は方形周溝墓である。中期中葉にさかのぼる例が埼玉県小敷田遺跡で3基発見されたが，一般化するのは中期後葉である。神奈川県歳勝土遺跡では環濠集落である大塚遺跡に隣接して25基が検出された。一辺10m前後の大きさで，溝で囲まれた内側はおそらく低い盛土があったと思われるが残っていない。中央に土壙が1基検出されるのが普通であり，複数埋葬はみられない。溝中に壺棺墓や土壙墓があることもある。副葬品はほとんどない。溝中に壺・甕・高坏などの供献土器がみられる。多数が連接して群在する傾向があるが，新しくなるとその数が少なくなる。

　方形周溝墓は台地上や低地に多くみられ，集落に隣接して営まれている。方形周溝墓群の周囲には土壙墓は営まれていない。

　これとは別に関東において非常に特異な墳丘墓が存在する。それが千葉県神門4，5号墓である。神門4号墓は主丘が径約30mの円形を呈し，高さ約3.5mの盛土で築かれている。この主丘の西側に長さ約15mの突出部が付いている。主丘のまわりには幅5〜8mの溝がめぐるが，突出部の

先端にはめぐっていない。主体部は木棺直葬で，墓壙北寄りに赤色顔料が散布し，副葬品として管玉31, ガラス玉394, 鉄剣1, 鉄鏃41が壙底から出土し，木棺を埋め戻した段階で鉈1と破砕した玉類を置き，墓壙上面には祭祀に用いられたと思われる壺・高坏・器台が検出された。

この墓を古墳と認めるかどうかは意見のわかれるところであるが，山陽地方の例を考えると，前方後円墳成立直前段階のものと考えられようか。いずれにしても，関東においては異質の墳墓であり，その出自が問題となろう。

（2）近畿地方

近畿地方は前期末に方形周溝墓が出現し，土壙墓群と共存している。また，中期になると方形周溝墓というよりは墳丘墓といった方がよいものが登場する。

大阪府瓜生堂2号墓は盛土によって15×10mの長方形墳丘を築いている。墳頂部に木棺墓6基があり，成人男女3人ずつが葬られていた。その他に幼児用と考えられる土壙墓・壺棺墓・甕棺墓が計12基発見された。副葬品はほとんどない。

大阪府賀美遺跡の墳丘墓は盛土によって築かれ，26×15m, 高さ約3mをはかり，平面形がかなり長方形を呈する。周囲に幅6〜10m, 深さ1m前後の溝がめぐる。墳頂部には23基の土壙が検出され，それぞれ組合式箱形木棺を納めていたが，木棺には大小2種類がある。小さい木棺は子供用であろう。大型木棺には人骨が残っており，頭部から胸部にかけて赤色顔料が塗布されていた。中央の木棺は規模が大きいだけでなく，蓋板・側板・小口板が二重になっていた。しかし副葬品は検出されていない。副葬品が発見されたのは3基だけで，それぞれガラス勾玉1・小玉2, ガラス玉1・銅釧1, 銅釧1である。また，墓壙上あるいは周溝から壺・甕・鉢・高坏・器台などが多数検出された。

近畿地方においては墳丘墓が中期に出現するわけであるが，溝で区画されていない土壙墓群も共存し，それらとの区別が問題であるが，埋葬施設や副葬品などからみる限り，大きな違いは認められない。近畿地方での問題は，大和盆地での墳丘墓のあり方がよくわからないことである。

（3）山陰地方

山陰の島根，鳥取を中心とする地域には，四隅突出形墳丘墓という独特な墳丘墓が分布している。島根県仲仙寺9号墳は丘陵の尾根上に位置する。墳丘は地山を方形に削り出してつくり，若干盛土している。規模は約15×18m, 高さ約2mで，四隅に幅約5m, 長さ約6mの突出部がつく。墳裾には板石を2列に立て，その間に板石を敷いて縁どりとし，斜面には貼石がみられる。墳頂部には3基の土壙があり，いずれも組合式箱形木棺直葬である。このうち中央のものが一番大きく，2段の掘り込みを有し，木棺は砂で覆われていた。また，木棺内には赤色顔料が認められ，碧玉製管玉11個が副葬されていた。墳頂部からは壺・甕・高坏・器台などの供献土器が発見された。なお，墳裾から3基の箱式石棺が検出されている。

この四隅突出形墳丘墓は，同じ日本海側の富山県杉谷4号墓，山陽側の広島県矢谷MD-1号墓にもみられる。また，島根県西谷3, 4号墓には特殊器台・壺が供献土器としてみられ，鳥取県西桂見墳丘墓は長軸65m, 高さ5mにも及ぶ大型のものである。墳丘への埋葬は複数が普通であるが，新しくなると単独になる傾向がある。副葬品などからは，土壙墓に葬られた人々と大きな差があったとは思えない。

（4）山陽地方

山陽地方には方形台状墓のほか，墳裾に列石を

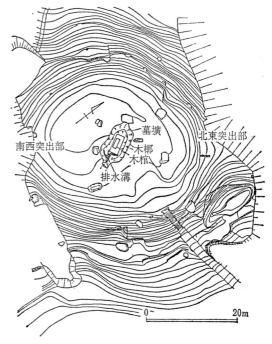

図1　岡山県楯築弥生墳丘墓

設けたり，突出部を有する独特な墳丘墓が存在する。

岡山県楯築墳丘墓は主丘はゆがんだ円形で，径43m，高さ5mで，相対する二方向に約10mと20mの突出部をもつ。墳丘斜面に石列があり，墳裾と突出部の裾にも石列がある。墳丘中央に長さ9m，深さ1.8mの墓壙が掘られ，木槨が置かれ，中に大量の朱を敷いた木棺が納められている。副葬品として勾玉・管玉・小玉などの玉類と鉄剣1が検出された。また排水施設が設けられていた。

兵庫県養久山5号墓は13×8.5mの長方形の墳丘の相対する短辺に突出部を設け，墳丘・突出部とも2段の列石で区画しているが，突出部前端は区画されず，そのまま尾根に連らなっている。墳丘中央に大型の配石壺棺1基とその両側に配石土壙2基が検出された。

兵庫県西条52号墳は径約15mの円形墳丘の一方に，左右に2列の列石を並べて突出部のごとき区画を作っている。墳丘の中央には竪穴式石室様の埋葬施設をもつ。石室の内外から内行花文鏡と鉄剣が発見されている。

岡山県都月坂2号墓は20×17m，高さ約2mの方形墳丘をもち，北側と南側の墳裾のみに列石を有する。墳丘上に12個の墓壙があるが，そのうち中央のものは最大で，内法長2.7mの竪穴式石室をもち，割竹形木棺が納められていた。他は木棺直葬か配石土壙墓である。墳丘封土中からは多数の供献土器が発見されている。

岡山県宮山墳丘墓も円形墳丘に前方部的な突出部をつけている。墳丘中央に竪穴式石室をもつ。

山陽地方の墳丘墓には方丘や円丘に突出部を設けたものが特徴的である。この突出部については，楯築以外は突端が明確な区画をもっておらず，祭祀を行なう場としてではなく，墳丘への通路としての機能が強かったと考えられる。また，竪穴式石室をもつものがあることも注意される。

（5）小　結

以上のような状況から，当時の社会には，方形周溝墓にしろ何にしろ，区画された場所に葬られる人々と，そうでない人々がいたのであり，このことは，副葬品などの比較からは，区画された墓の優越性はそれほど大きくはなかったとしても，当時の集団の内部に階層分化が起こっていたことを示している。そして，最初は家族墓として成立

した区画墓は次第に個人墓への傾斜を強めていったと考えられる。

2　前方後円墳の出現

前方後円墳は全国的に一定の内容をもったものであることは以前から知られていた。近藤義郎氏は最古式の例として奈良県箸墓古墳，京都府椿井大塚山古墳，岡山県備前車塚古墳などをあげ，その特徴として次の点を指摘している。

1. 後円部は高く，前方部は低く，後円部と前方部の長さはほぼ等しい。前方部は撥形を呈する。
2. 斜面に葺石がふかれる。
3. 墳頂部に特殊器台・壺形埴輪，あるいは壺形土器が置かれる。
4. 棺は長大な割竹形木棺でそれを囲う長大な竪穴式石室がある。
5. 三角縁神獣鏡を多数副葬する傾向がある。他の副葬品には武器・生産用具があり，時に玉類を伴う。

そして，これらの特徴は，弥生時代の墳丘墓に系譜をたどりうるものがあるという。たとえば，前方後円形は山陽地方にみられる円丘に突出部をつけたものに似ている。竪穴式石室と割竹形木棺は，やはり山陽地方の墳丘墓に短いものがある。葺石に類したものは，山陽地方の墳丘墓や山陰地方の四隅突出形墳丘墓に，墳裾の列石や斜面の貼石がみられる。特殊器台・壺形埴輪は吉備の特殊器台・壺にその系譜がたどれる。副葬品のうち，玉類や鉄製品は数は少ないが，各地の墳丘墓にみられるものである。

一方，違いについてみると，墳丘規模が格段に大きくなること，石室・棺が長大化すること，三角縁神獣鏡の多数副葬が行なわれることなどがある。

弥生時代末の首長墓がいくつかの地域で特色をもって分布しており，地域の独自性がみられるのに対し，前方後円墳の成立は，地域を越えた全国的な普遍性をもって登場した。このことは，共通の墳墓形態と首長霊継承儀礼に基づいた支配関係が地域を越えて成立したことを示しており，弥生時代とは一線を画す大きな出来事であった。しかし，これですべての問題が解決するわけではない。

弥生時代の墳丘は方形をなすのが基本であり，山陽にみられる円丘は非常に珍しい存在である。

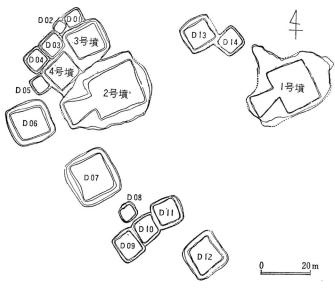

図 2 千葉県飯合作遺跡の前方後方形周溝墓

しかし実際には前方後円墳が最高ランクの墳墓形態となり，方丘に突出部をつけた形の前方後方墳は前方後円墳よりは下のランクの墓である。弥生時代の伝統である「方」よりも「円」を上におく思想が入ってきているのである。その萌芽が山陽地方に円丘を築く人々の間にはあったのかもしれないが，この考え方の源流はどこに求められるのだろうか。

また，近藤義郎氏は定型的前方後円墳の成立の背後に，大和を中枢とする畿内，吉備を主力とする瀬戸内沿岸諸地域，山陰の諸地域を核とし，畿内以外の近畿，九州，北陸，東海などの一部が加わった大連合を推定し，大和がそのイニシアティヴをとったと考えられている。それにしては前方後円墳の要素の中に，吉備の墳丘墓の要素が多いのが気になるところである。それにしても，そのような大連合は何を契機として形成されたのであろうか。これも問題の1つである。

3 古墳時代の在地首長墓

前方後円墳を築くことができたのは上層の支配者のみであり，在地の首長層は前代の墳丘墓に類似した墳墓を築いていたらしい。

方形周溝墓は古墳時代になってもつくられていた。関東地方では5世紀代に降る例も発見されており，北陸，近畿，九州などでも古墳時代初頭の例が多くみられる。

そのような中で，最近，前方後方形周溝墓と呼ばれる遺構が検出され始め，注目を集めている。これは古墳時代の方形周溝墓群に伴うことが多い。関東地方に多くみられるが，滋賀県野洲町富波などでも発見されており，今後発見例がふえることが予想される。

千葉県飯合作(いいごさく)遺跡では前方後方形周溝墓2基が検出された。1号墓は墳長約25m，後方部の高さ約1.5mで，主体部は木棺直葬と考えられ，副葬品としてガラス玉3個が出土した。2号墓は墳長約30m，後方部高約1.5mで，周溝から壺・甕・高坏・器台などの供献土器が出土している。2号墓は盛土をもった方形周溝墓2基，盛土をもたない方形周溝墓5基と接続して存在していた。このあり方は方形周溝墓の伝統をそのまま受け継いでいると考えられ，前方後方形周溝墓の成立を考える上で興味深い。

前方後方形周溝墓は方形周溝墓群の中に1基か2基程度しか存在しておらず，方形周溝墓に埋葬される人たちとは差があることを示唆しているが，副葬品などからすれば，また，同じ場所に存在することを考えれば，あまり差はないとも言える。前方後方墳との関係が当然のことながら問題になるであろうが，方形周溝墓の分布域のみにみられるのか，興味深いものがある。

また，前期の小古墳群の調査が各地で行なわれているが，前代の墳丘墓とよく似たものが多いことが注意されており，前方後円墳成立後の社会構造を考える上で重要な資料となることが予想される。

4 おわりに

前方後円墳の成立は，弥生時代の地域の枠の中にあった墳丘墓から大きく飛躍した一大画期であった。しかしながら，古墳時代の開始をどこにおくかは未だに意見がわかれるところであり，楯築，宮山などの墳丘墓を古墳であると考える研究者も存在するし，前方後方形周溝墓を前方後方墳の枠でとらえようとする人もいる。古墳とは何かという根本的な問いが，今あらためて問われているといえよう。

なお，紙数の関係で引用・参考文献を掲げなかった非礼をおゆるしいただきたい。

前方後円墳と古墳群

東海大学助教授
■ 関根孝夫
（せきね・たかお）

ここでは東京湾東沿岸地域における前方後円墳の分布をと
りあげて，古代の地域社会の性格や構造をさぐってみよう

1 前方後円墳の性格

前方後円墳が示す墳形は，それが国家的身分秩序を直接に表現しているか否かはおいても，これが一定の企画性を有することに，畿内の政権との間に緊密なる関係が存在したことを想定することは，充分に首肯しうることである。また，鏡・鉄製品をはじめとする副葬品のある種のものや，そこで執り行なわれた祭式には，共に被葬者が生前に有したであろう政権内部との関係を直接に表示し，あるいは外部集団との間にとり結ばれた諸関係を示す外的属性をなしていると考えられる。一方，副葬品の他のもの，埴輪の製作，墳丘規模の大小は被葬者が集団内部に有していた力量を表現していると思われ，内的属性をなすと考えられよう。ことに墳丘の築成作業は一定期間内に多量の労働力の集中が必要である。この労働力は，その地域の生産基盤を表示しているのみならず，ときとして軍事力に転化しうるすぐれて地域的軍事基盤の表現であることも注意されてよい。

このように前方後円墳は，内容のよく知れない多くの古墳のなかにあって，少なくともその企画性と大型であることは先の外的属性と内的属性を統合，体現した特徴的な古墳様式とすることができる。

2 古墳集合体の把握

古墳から古代の地域社会の性格や構造を探ろうとするとき，一定地域内での古墳の量的な，あるいは質的な分布の状況を対象とすることは，きわめて有効なことである。

ことに，地域首長権の形成の過程とその構造を考えるとき，さきに触れた前方後円墳の性格から，これに視点をおくことは，きわめて妥当なことである。外部集団と集団内部との接点にたつ地域首長は，内部的にたとえ共立的性格を有しようと，元来単独な形で析出されるものである。したがってこれと関連したとする大型古墳は，地域に

おける首長権の存続期間に1基ずつ築造されたとみることができる。この結果一定地域では，原則的に地域首長を表現する大型古墳が，年代を異にしながら継起的に観察しうることになる。このことは，実際には首長権を想定しうる大型古墳を系列的に追跡することによって，その分布する範囲に，地理的条件を加味しながら一定地域を仮定するものであり，したがってその地域は，地域首長を頂点とした地域政治圏を表現したものとみることである。

こうして首長系列を示すとされる古墳の分布する論理的に想定される範囲を，古墳が地理的に比較的狭い地域に集中する状況を指示することの多い古墳群の名称とは区別して，古墳地域の名で呼ぼう[1]。すでに述べたように古墳地域は，地域政治圏を示すとするのであるが，地域的権力が生成，発達しやすい大・中河川の流域平野あるいは山岳，丘陵などの自然的条件により，他と区別しやすい地理環境は一応の目安となる。

この古墳地域は，歴史的にはより下位の集団が統合して形成されたものと考えられるが，さきの首長系列にみられる大型古墳に比べ規模も内容も劣る古墳が，同一の台地や丘陵上に，あるいは小河川沿いに，他とは区別されるようにまとまって分布をみせる場合がある。これらの古墳の分布の多くは円墳によって構成されるが，小型の前方後円墳を含むことも多い。さらに，同一の台地，丘陵，小河川を共有した分布にあっても，より微視的には地点を異にして古墳の集合がみられることがある。このような場合，前者を古墳群，後者を古墳支群と呼び分けるのが通例である。さきに下位の集団としたものは，こうした古墳の集合体の基盤となったものである。

このように古墳の集合を，古墳地域—古墳群—古墳支群と実態的に，あるいは概念的に類型化したとき，その状況が典型的にみられるならば，それぞれのレベルで他と区別される一方，古墳支群は古墳群を構成し，古墳群は古墳地域に包括され

るという，重層した関係を示していることになる。
しかし，諸古墳が築造されていく過程は，空間的にも，時間的にも，かなり錯綜した状況を示し，それはそれぞれの地域の複雑な歴史的発展の様相を指示しているのである。

3　東京湾東沿岸地域の大型前方後円墳群

　ここでは，東京湾東沿岸地域における前方後円墳の分布をとりあげよう。この地域は，南関東における大型前方後円墳の集中地域としてよく知られ，古墳群の研究対象として以前から多くの研究者によってとりあげられてきた[2]。

　地理的には，南は現在の富津市から北は千葉市に及ぶ東京湾に面する地域であり，地形上は，房総半島の中央を占める房総丘陵から北流しあるいは西流する河川が流域平野を形成し，他方海岸にせまる丘陵，台地によってたくみに地形区分されている。

　いま，この地域の大型の前方後円墳の分布をみると[3]，南から小糸川，小櫃川，養老川，村田川といった河川下流域に，それぞれ集中的に分布していることがわかる。従来，富津古墳群（あるいは内裏塚古墳群，飯野古墳群とも呼ばれる），木更津古墳群，姉崎古墳群，菊間古墳群と呼称されているのがこれである。こうした古墳の集合体は，空間的に区分されたものであると同時に，時間的にも拮抗するものである。そこでまず，それぞれの地域に古墳が出現しはじめた前期古墳の分布の状況からみてみよう。

（1）　前期古墳の分布

　この地域の前期古墳をとりあげるとき，市原市国分寺台の古墳群，ことに神門5号，4号墳などの年代と性格が問題となろう。この古墳群の内容が詳細には知られないいま，これに立ち入ることはできないが，筆者での理解は，年代的には畿内で言う布留式あるいはその直前の時期に相当し，性格上は古墳との関わりをもちながらも在来の墓制の伝統も残しているとみる。これを古墳とみるか，墳丘墓とするかの議論は，ここでは避けておきたい。

　前期古墳として様式化した前方後円墳をあげるならば，筆頭に木更津市手古塚古墳をあげねばならない。墳丘長 60m を計る前方後円墳で，典型的な畿内型の前期古墳である。同市太田の鳥越古墳は墳丘長約 25m の小型の前方後方墳であり，

やはり前期古墳に属するという。これらの小櫃川左岸地域の古墳に対し，右岸地域には袖ヶ浦町の坂戸神社古墳がある。墳丘長約 63m の前方後円墳で，その墳形は十分に前期古墳としてよいといわれる。君津市外箕輪にある道祖神裏古墳は，墳丘長 56m の前方後方墳で，五領式土器を出土し小糸川流域での古式古墳として注目されている。青堀町上野塚古墳も墳丘長 44.5m の前方後円墳で，やはり古式の様相を示している。

　市原市姉崎にある天神山古墳は，未調査であるが墳丘長約 120m を数える大型の前方後円墳であり，古式の趣きを呈するが年代はやや下るであろう。養老川右岸の国分寺台では，墳丘長 21m の諏訪台 33 号墳，33.5m の東間部多 2 号墳があり，両者とも五領式土器を出土する前方後方墳で特徴的である。市原市北部にある新皇塚古墳は，一辺 40m の方墳とされるが，前方後方墳の可能性がきわめて高い古式の古墳である。大厩浅間様古墳は，径 44m の大型円墳で，新皇塚古墳と近い年代のものである。これら村田川左岸地域の古墳に対して，右岸地域には千葉市大覚寺古墳をあげることができる。墳丘長 62m の前方後円墳で，未調査ではあるが墳形から推測すれば，古式古墳にふさわしいものとされている。

　これら東京湾東沿岸地域の前期古墳は，大・中河川の下流域台地上あるいは微高地上に出現した。先にあげた中・後期の大古墳群の形成に先立ち，各地域で拠点的に前方後円墳が築造された。しかし，これらの古墳で発掘調査が行なわれたものは数少なく，それぞれの年代上の関係は明らかにし難い。手古塚古墳，新皇塚古墳から判断すれば，上記の古墳の多くは，およそ4世紀後半から5世紀前半の早い頃のうちにおさまり，その築造には時間的先後が若干はあるとしても，各被葬者間の関係は同一世代か，多くみても二世代を越えまい。このことは地理上の分布とあいまって，各地域の古墳の出現に先後があろうとも，ほぼ併立的に存在し，系列的でないということである。それはまた，被葬者間には相対的に自立した関係があり，後の古墳地域の母体となったとみることができよう。

（2）　古墳よりみた地域圏の形成

　前期古墳が，地理上の区分とあいまって拠点的に分散している状況をみた。これがその後，古墳の集合体としていかに展開していったか，いいか

23

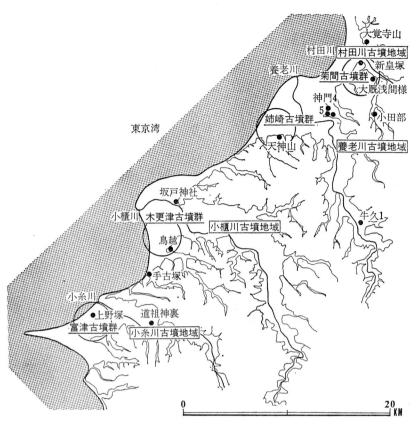

東京湾東沿岸地域の古墳地域・古墳群と古式古墳

えれば地域の諸集団がいかなる歴史的展開を遂げたかを，小糸川流域を中心として検討しよう。

　小糸川流域で現在知られる古式の古墳は，先にあげた道祖神裏古墳，上野塚古墳がある。ともに5世紀前半代におかれよう。その先後関係は明らかにしえないが，前者が前方後方墳で，後者の前方後円墳よりやや大きい。この間に多少の年代差があっても，その後に続く古墳築造の展開をみるならば，両者を同一系列で把えることはできない。後者は富津古墳群に属し，その後，5世紀中頃とされる内裏塚古墳，ついで九条塚古墳，稲荷山古墳，6世紀後半と思われる三条塚古墳などへと墳丘長100m級の大型古墳が，2×3kmの範囲に継続的に築造されている。前方後方墳の可能性があるとされる墳丘長約100mの亀塚古墳には，古式土師器の出土が伝えられ，これが妥当であるならば内裏塚古墳に先行することになろう。したがって富津古墳群は，5世紀から6世紀にわたって，最大級の前方後円墳が継続して築造され，首長および近親者らの親族集団に基礎をおいた地域首長の系列を示す古墳群とみることができよう。

　他方，道祖神裏古墳に継続して八幡神社古墳，星谷上古墳，水道山古墳などの前方後円墳がやはり2×3kmの範囲に築造されている。それらの時間的先後や継続性は詳かにし難いが，富津古墳群とは別個の系列的な古墳の存在が予測される。これを箕輪古墳群と呼べば，この古墳群には，さらに1, 2基の前方後円墳を中心とした4, 5の古墳支群が形成されている。なかでも道祖神裏古墳を含む古墳支群が中核となっている。大佐和町弁天山古墳は，八幡神社古墳とほぼ同じ規模をもち，小久保古墳群を形成するが，他に前方後円墳などをみず，大型古墳の継続した発達はない。分布上，富津古墳群とは別個の存在となっている。

　小糸川流域には，円墳だけとか1, 2基の小型の前方後円墳をもつ古墳の集合単位が多数みられる。これらの前方後円墳のほとんどは内容も年代も知れないが，集合単位間では前方後円墳が継起的に築造されたとみることは，十分にありうることである。このような関係を想定し，地理的分布をも考慮して基礎的な集合単位を古墳支群とし，支群間にある種の関係が予測される集合体を古墳群とすれば，当該地域には10内外の古墳群が存在するとみることができよう。これら古墳群のうちで，富津古墳群は常に最大級の前方後円墳で構成され他を圧している状況があり，これには小糸川流域一帯を数世代にわたって地域首長権を継承した被葬者を想定することができる。このような予想される地域首長の支配圏を構成している古墳の集合体を，小糸川古墳地域とするのである。古墳地域内においては，箕輪古墳群，小久保古墳群などが大型の前方後円墳を含むが，同じ時期の古墳を比較すれば富津古墳群のそれを凌駕するものではない。いいかえれば箕輪古墳群，小久保古

24

墳群の存在は，地域首長権の移動を意味するものではなく首長権内部の階層性を示すものとみることができる。

一方，小型前方後円墳を含む多くの古墳群は，地域首長との間に統属関係を有する族長圏を表示しているとみるのである。小型前方後円墳の存在は，族長が地域首長権のなかに占める位置と古墳群の中（族長集団）での族長の力量の表現と考え，内的・外的属性を体現した，いいかえれば外部集団と内部集団の結節点にたつ族長権の表現とみることでもある。これが許されれば，古墳支群において前方後円墳が特定支群へ集中することが少ないということは，小集団間の結節点にある族長権は，比較的ゆるい族的関係のなかで保持されていたともみられるのである。

小糸川流域地域における大，小の前方後円墳の分布状況から，小糸川古墳地域を設定し，古墳群における前方後円墳の集中，継続から地域首長権の所在，統属関係，族的結合などを想定したのである。

（3）　古墳地域の性格

小糸川流域でみた古墳集合体の関係は，他の河川流域でもみられ，これらは小櫃川古墳地域，養老川古墳地域，村田川古墳地域と呼べよう。それぞれの地域には木更津古墳群，姉崎古墳群，菊間古墳群といった他の古墳群を圧倒する大型前方後円墳が継続する古墳群があり，地域首長権の所在をしめしている。そこにはまた，小櫃川古墳地域の白山神社古墳，養老川古墳地域の今富塚山古墳，金環塚古墳などと，首長系列とは別系列の古墳群が存在し，その他にも小型前方後円墳を含む多数の古墳がある。ここにも先と同様な首長権を構成する階層性が考えられよう。

古くから，これら大型古墳群はこの地域の国造と関連づけて考えられ，須恵国造，馬来田国造，上海上国造，菊間国造が比定されている。各古墳群の盛期が5世紀後半から6世紀前半にあることは，国造制の成立時期，国造の分布などからその比定は，十分に妥当なことである。したがって古墳地域としたものは，この時点では各国造の統治圏と重なることになり，その構成をも考えさせる。古墳群における前方後円墳をはじめとする大型古墳のあり方は，首長権の所在と性格に関わることである。一方，各地域首長間にあっては，地域間の古墳規模，出土品の差違，あるいは大型古墳の出現，最盛，衰退の時期の異同などから推測すれば，必ずしも同質，同等でないことが判断できる。いま紙幅の関係でこれを検討するにいたらないが，例えば他地域に比してつねに大型古墳を存続させた富津古墳群を含む小糸川古墳地域，きわめて優秀な畿内直結の副葬品に彩られた木更津古墳群を有する小櫃川古墳地域，6世紀後半には大型前方後円墳が衰退してしまう姉崎古墳群と比較的大型古墳，方墳が目立ち，地域首長系列と同質の他の古墳群を擁する養老川古墳地域，大型前方後円墳をもたず前方後円墳自体がきわめて少ない村田川古墳地域などがあり，地域政権の性格と内容の差違が予測される。

最近の甘粕健氏の姉崎古墳群における地域政権の構造と重層関係の論考[4]，前之園亮一氏の前記国造らの同祖同族関係の検討からする国造の性格論[5]，吉田晶氏の総分割論[6]など興味深く重要である。東国における地域首長権の性格と発達の究明に，これらの地域の古墳の検討は，ますます大きな課題となろう。

註
1)　かつて筆者らは古墳団の名で呼んだことがある（大塚考古学研究会「長野県における古墳の地域的把握」日本歴史論究　考古学民俗学篇，1964）。こうした古墳群と地域集団との関係については，近藤義郎「地域集団としての月の輪地域の成立と発展」『月の輪古墳』所収，1967，伊達宗泰「古墳群把握の一試論」橿原考古学研究所論集，3，1970，杉山晋作「房総における古墳の変革」史館，6，1976，などがある。
2)　大場磐雄，大塚初重，甘粕健，久保哲三，中村恵次，椙山林継，杉山晋作，沼沢豊，田中新史氏らの論考があり，紙幅の関係でここに掲げないが本稿もこれらに負うところが多い。
3)　『千葉県史料　原始古代編　上総国』1967，千葉県文化財センター『研究紀要』4，1979，関連市町村史関係古墳調査報告書などを基本資料とした。
4)　甘粕健「養老川水系の古墳分布と山王山古墳の歴史的性格」上総山王山古墳，1980
5)　前之園亮一「関東国造の性格と諸類型」市原地方史研究，13，1984
6)　吉田晶「国造本紀における国造名」『日本古代国家成立試論』所収，1980

古墳の形態と規模の語るもの

奈良大学教授
■ 水野正好
（みずの・まさよし）

たとえば前方後円墳など円の系譜に属する古墳は皇別氏族，前方後方墳
など方の系譜に属する古墳は神別氏族の墳墓とみなすことができようか

考古学の講義や概説書には必ずといってよいほど，「古墳には円墳，方墳，前方後円墳，前方後方墳，帆立貝式前方後円墳，双方中円墳，上円下方墳などといった形がある」といった文言を見る。しかし，何故こうした形が創出されたのか，何故そうした形が選ばれるのか，形の相異は何を語るのか……と問いつめて行くと意外に何の解答も用意されていないことに気付くのである。「形がある」という言葉で終わり，そこから一歩も踏み出さぬところに今日の考古学の限界が垣間見られる想いがする。将来の饒舌な論議を期して，まずは私は私なりの語りを記すことにしよう。

1 一つの形―前方後円墳

円を中核として発想された古墳の系譜に双方中円墳，前方後円墳，帆立貝式前方後円墳，円墳といった種々の形の古墳が属する。まず，こうした中から「古墳誕生―創出」期を強く彩った「前方後円墳」を取り上げ，他の双方中円墳，帆立貝式前方後円墳，円墳との相異を明確に浮かび上がらせる作業から始めよう。

前方後円墳は，前方部，後円部ともに葺石で整然と葺かれ，埴輪列も両部を区別することなく列立している。墳丘をめぐる段築も多くの場合は一連するものとして両部に通じて見られる。このように最初から前方後円墳は「前方後円墳」として誕生し造形されているのである。「前方後円墳」という形の創出されたその経緯は，3段に及ぶ段築の最上段の様子を分析することから導かれると考える。前方後円墳の最上段は，頭初，後円部は広い円形平坦面―空間となっており，前方部より高く設計されている。一方，前方部はその前端に幅広くしつらえられた方形平坦面―空間が後円部に比しては低く設計されている。この二空間を連繋する形で，後円部円形空間から前方部に下る降路が延び，前方部では平路となり，再び前端の方形空間にとりつくわずかな昇路からなる通路が設けられているのである。換言すれば，前方後円墳

は後円部の円形空間と前方部前端の方形空間，この二空間を連繋する通路空間，そうした三者が構造を，形態を規定していると言えるであろう。

ところで，後円部の円形空間には，埋葬施設―竪穴式石室や粘土槨が設けられ，葬者と係わる空間でもあることを教える。さらにこの埋葬施設の上，円形空間の内部に低い方形の壇を築き，後にはその周囲に円筒埴輪列を繞らして方形区画を作り出し，内域に楯・靫，蓋・翳形埴輪がとりまく中，その中心に家形―屋敷形埴輪群が配置されている。円筒埴輪は酒食を盛るものであり，鬼魅に饗えして攘いたしとする意をもち，その列立は攘い護るべき「境界」を示すもの，楯や蓋形埴輪は御饗の後，なお内を侵犯せんとする魑魅を威武して内に入れじとする心根を示すものである。蓋や翳形埴輪は神格の所在を表示するものであり，祭儀の場であることを告げる。こうした聖なる空間の中心，聖心を占めるのが家形埴輪―屋敷形埴輪であり，貴紳なり神格の居住空間，貴紳・神格の祭祀空間であることが鮮やかに読みとれるのである。

一方，通路を介して後円部と対応する前方部の方形空間は，埋葬施設を見ない点，大きな違いが指摘されるものの，後円部同様，低い方形の壇を設け，円筒埴輪でその周囲を囲繞し，内部に楯・靫，蓋・翳形埴輪，中心に家形―屋敷形埴輪が配置されており，その内容において通じ合う性格のあることが観取されるのである。この二極の空間を結ぶ通路は両側に円筒埴輪列を樹べ並べ，内・外に楯・靫形埴輪を配してその間が祭儀の空間であることを雄弁に語る。通路には勿論，埋葬施設はなく，また家形―屋敷形埴輪群や蓋・翳形埴輪の配置を欠くなど，自ずと後円部・前方部とは異なる一面――通路としての性格を明確に打ち出しているのである。

前方後円墳の構造は，こうした二極と通路からなる祭儀空間を営為するための構造として設計され誕生しているのである。この構造が果たす機能

は，践祚・即位といった祭儀の構造ではないかと考える。死した大王一（首長）が葬られた後円部頂部の方形壇で新しく大王一（首長）を嗣ごうとする者がその王権なり王統の寿を践む──継承する，そのために後円部の円形空間が誕生し，新しく王権の霊威一王霊を得た後嗣者が自から王位につくことを宣するその場として前方部の方形空間が誕生すると考えるのである。要言すれば，後円部践祚・前方部即位空間と見做す構造観である。践祚空間が一段と高く設計され，即位空間が低く設計される創始期の前方後円墳の場合は践祚に深い意義があり，即位は次ぐものといった意味があったと見てよいであろう。

　高位置の践祚，低位置の即位空間，その間を結ぶ通路の三者の関係を明確に語るのは『日本書紀』天孫降臨條である。天照大神が三種神器に五部神をそえ，「葦原五百秋之瑞穂国は是れ吾が子孫の王たるべき地なり，宜しく往きて治しむべし，宝祚の栄えんことまさに天壌無窮なり」といった神勅を与える様は，後円部での践祚の様をダイナミックに語るもの，また皇孫はその後，天磐座を脱し離し天八重雲排し分け稜威の道を別道けて天降りするのであるが，その模様は，後円部から発ち前方部に降りたつ状に鮮やかに重なり合う。したがって天孫の降りたつ地界の高所──日向高千穂槵触之峯こそ前方部の即位空間と重ね合えるであろう。

　前方後円墳は，こうした践祚即位の場として構想され，こうした天孫降臨といった神話世界を如実にこの世界のものとして息づかせる構造として誕生したといってよいであろう。前方後円墳が3段築成の構造をとり，各段築ごとに円筒埴輪列を繞らせる事実や，墳丘周囲に周濠を設ける事実は，前方後円墳の構造が古くは人界から隔絶された神話的世界で構想されたことを暗示していると言えよう。初源の段階の人物・動物埴輪が周堤上なり外堤に外接する別区に配置されることも，天・地両界から区別された「人界」の存在することをわれわれに教え，践祚即位と対応する大嘗の祭儀に通ずるものであることを示しているのである。王権一首長権継承に係わる神聖空間として，践祚・即位・大嘗といった三機能が「前方後円墳」といった形の中で構造化され，発想されるのである。前方後円墳は創出された構造と機能をもち，配布浸透していく中で各地の首長を政治的に系列化する役割を果したのである。

2　一つの形─円の系譜を追う

　墳丘上での践祚即位の祭儀の終了後，埴輪が樹立される。後円部・前方部の聖心を占める屋敷形埴輪は，践祚空間，即位空間を承けて成立する宮家であり，天宮，地宮と呼ぶべき性格が与えられるであろう。天宮は葬られた先王に象徴される王統・王権の根源たる天上の宮都，地宮は王位を継承する新王に象徴される地上の宮都である。先王の憩う彼岸の宮，新王の誕生する此岸の宮といった性格もまた辿れるのである。

　前方後円墳の機能・構造がこのように理解されると，円形を基本とする円墳，帆立貝式前方後円墳，双方中円墳は前方後円墳と如何に区別され，如何に機能・構造が異なるかが次に問われねばならないであろう。こうした諸種の形態は，段築3段を設け，円筒埴輪列を各段に配置する点は，前方後円墳の語る所とよく一致し，単純に前代の墓制が継承されたのではなく「古墳」という枠を通して造形されていることを明示しているのである。

　前方後円墳を介して円墳を検討するならば，円墳の頂部に埋葬施設をもち，頂部に平坦な円形空間を設け，方形壇を内に設け，後，方形壇の周囲に円筒埴輪を樹て，内に楯・靱，蓋・靆形埴輪を並べ聖心に家形埴輪を連ねることにおいてはまさに前方後円墳の後円部と構造において共通すると言えよう。しかし一方，前方部を具えぬといった重大な相違が見られるのである。前方部が果たす通路，前方部前端の方形空間を欠く姿での理解が必要なのである。前方後円墳が示す践祚空間のみ存在し，即位空間，両者を結ぶ通路を欠くそのあり方は，葬者の後嗣が即位せぬ，あるいは即位しえないタイプの者であることを示し，ひいては葬者自身の性格，位置をも暗示することとなろう。氏族の首長系譜──氏上などといった系譜に連ならぬ傍系の勢威ある家々の主や，首長系譜に連なる者の中でも朝廷の評価低く，後嗣また強く期待されぬ場合もこうした制の墳丘が与えられると見るべきであろう。

　帆立貝式前方後円墳も，また前方後円墳を介して検討するならば，後円部を3段に築成し，墳頂に円形空間を設け，埋葬施設を配置し，方形壇を設けて，のち家形埴輪などを樹立する点において

は前方後円墳の後円部と共通する。しかし前方部の実態は前方後円墳の前方部とはその性格が大きく異なる。前方部がもつ前端の方形空間や家形埴輪，あるいは後円部から斜面を降り前方部前端に至る通路，そうした機能が帆立貝式前方後円墳の短倭な前方部には見られないのである。むしろ時には帆立貝式前方後円墳の前方部には人物・動物埴輪が配置されるケースもあり，前方後円墳の前方部との相違を明確に示している。換言すれば葬者を埋葬し，その上に築かれた壇上での践阼の儀礼は見られるものの即位空間を具えぬ面からするならば，葬者の後嗣が即位せぬ，あるいは即位しえないタイプの者であることが理解され，円墳と通ずる性格が辿れるのである。

しかし，円墳と異なる短倭な前方部の付設といった性格，人物・動物埴輪の配置，円筒埴輪による囲繞といった様相は円墳に見られない構造であり，前方後円墳に見られた周堤上の別区，あるいはその調査例が乏しく未だ性格の分明しない「造出部」との相関，相似た機能が窺え，円墳とはまた異なる一面——大嘗会的性格の存在が読みとれるのである。したがって践阼・大嘗の祭儀を具えるが即位の祭儀空間をもたぬ墳丘の形として理解することが出来るであろう。ただ帆立貝式前方後円墳の成立は前方後円墳や円墳より後出する事実はとくにその成立経緯を考える上で重要であろう。

いま一つ，双方中円墳の世界も重要である。双方中円墳を構成する双方部を検討すると，一が前方後円墳の前方部と同規同様，長く，前端に方形空間を設け後円部と連繋する通路を具える形であることがまず知られ，前方部の語に相応しいものと言える。ところがいま一つ——仮りに双方中『方』墳の後方部と名付けるならば，その短倭さ，方形空間を創り出さぬ点など常に明確に機能・構造の差が前方部との間に指摘されるであろう。この後方部が帆立貝式前方後円墳の前方部と関連するかに見えながらも区別される根源は，「後」に位置して設けられる点にあるであろう。前方後円墳の背後に方形部を付した形であるだけに，周堤外別区とも区別されるであろう。ただ後円部との連繋を語る「通路」の機能が想定され，後円部で実修される諸祭儀に関連する場であることは容易に理解されるところであろう。

以上のように前方後円墳，円墳・帆立貝式前方後円墳・双方中円墳といった円の系譜に係わる古墳の諸形態を追うと，その形態の差が，実修される祭儀の有無によって決められていることが知られるのである。践阼空間——死者を嗣ぎ死者を祀る祭祀空間は各形態に通じて見られるが，新しい首長が誕生する即位の空間は前方後円墳，双方中円墳にのみ限られるのである。「古墳」が構想された始源の時期には即位空間を具えた前方後円墳，双方中円墳と，具えぬ円墳の二者が強く弁別されていたと考えてよいであろう。そうした明確な区別の中で途時，帆立貝式前方後円墳が創出されるがその性格は円墳の側に偏るもの——即位する後嗣が認められぬ権勢ある者の制として息づいた様が考えられるのである。

3　円と方の概念と規模と

円の系譜とは別に，方の系譜に属する諸形態が存在することも広く宣伝されているところである。前方後方墳，方墳がそれである。前方後円墳に対応するものとして前方後方墳，円墳に対応するものとして方墳があることは言うまでもない所である。前方後方墳の前方部の構造と前方後円墳の前方部の構造が，通路，前端の方形空間の存在といった面で一致することはよく知られている所である。したがって，前方後方墳と前方後円墳，方墳と円墳は構造・機能において共通するものと見てよいであろう。同じ構造，同じ機能の祭儀を根底として発想されているのである。

では，円の系譜，方の系譜の相違は何によって生ずるのであろうか。天皇陵，皇后陵，皇子陵と伝承されている古墳のほとんどが前方後円墳であることは重要な視座である。こうした事実に「天円地方」の概念を当てはめるならば，天円に出自する円の系譜——前方後円墳などと，地方に出自する方の系譜——前方後方墳などの系譜が生じ，ひいては天神地祇の言葉をも絡み合せるならば，前方後円墳など円の系譜は天神系譜に連なる氏，前方後方墳など方の系譜は地祇系譜に連なる氏の墳墓ではないかといった所見が導かれ易いであろう。その可否は後日の検討を俟たねばならないが，朝廷に氏を別かつ一定の基準，例えば天神別・地祇別，あるいは皇別・神別・蕃別といった「別」が息づいていたことは言うまでもないところである。後者ならば前方後円墳など円の系譜に属する古墳は皇別氏族，前方後方墳など方の系譜

に属する古墳は神別氏族の墳墓と見做すこともまた可能となるのである。

こうした古墳の形と併せて考慮しなければならないのは、古墳個々の設計に見られる形の「モデル」と「基準尺度」、規模である。まず、「モデル」としては宮川徏氏が『季刊考古学』第3号に「前方後円（方）墳の設計と尺度」として概述されているように、後円部にどのような長さの前方部を付けて構成するかということで形のモデルが誕生する。後円部の径を8等分して得られる1マスを1区とした場合、帆立貝式前方後円墳の前方部は1区から4区、前方後円墳の前方部は5区から8区が与えられることとなり、その区数の配分の如何によってそれぞれの形態――モデルが誕生する結果となるのである。したがって、如何なるモデルを撰んで朝廷が各氏に与えるかが問われるのである。一方、こうしたモデルに与えられる一区の基準寸尺を検討するとそこにまた、それぞれ一定の長さのあることが明らかにされている。例えば大阪府羽曳野市に所在する墓山古墳、仲ツ媛陵古墳は共に後円部8区、前方部長6区、前方部前端幅10区であり、同じ形態―同一モデルによる造墓例であるが、1区の長さが前者は10尋、後者は13尋で成っていると説かれている。したがって、仲ツ媛陵古墳は規模において墓山古墳を遥かに凌駕する規模をもつこととなるのである。

このように見てくると、古墳は形のモデルと区の法量の組み合せによって形態が定められていることが判明するであろう。各モデルがどのように序列化されているのか、区の各法量がどのように序列化されているのかは今にわかには説き得ないが、朝廷がそれぞれを組み合せてモデルと法量を決め、各氏に、また自らに与えたことは改めて説くまでもないであろう。

天武天皇13年、詔して諸氏の姓を改めて系統の尊卑、功績の大小を考査して眞人、朝臣、宿彌など8種の姓を賜うといった事実がある。眞人は皇別13氏、朝臣は皇別43氏、神別8氏、未定1氏、宿彌は皇別6、神別40、蕃別1、未定1氏、忌寸は皇別2、神別5、蕃別4、連は皇別8、神別26、蕃別16、未定16氏よりなっている。同様に、皇別などの「別」と眞人などの「姓」、加えてその功を勘案して各氏を序列化し把握しようとする時、例えば墳墓にその「別」なり「姓」を表現しようとするならば形態や規矩に違いをも

たせて造墓させるに相違ないと考えられるのである。たしかにここに記した八種の「姓」と皇別、神別、蕃別といった「別」は天武朝の制定に係わるもの、したがってただちに古墳成立期に同じ姿を想定することは必ずしも適切ではないが、しかし相似た状況を想定することは可能であろう。少なくとも円・方両系譜の形態、各形態のモデルと各モデルの基準となる区の法量の撰択を通じて、「姓」なり「別」が位置づけられ、古墳誕生に至ると私は考えるのである。前方後円、前方後方墳などの諸形態をとる古墳は、姓なり別を政治的に位置づけ、各氏を編成系統化し、政治的に把握するために創出されたものと理解するのである。

天皇陵と伝承される古墳は、多くは前方後円墳の形制をとる。同様に皇后、皇妃陵と伝承される古墳も前方後円墳の形制をとる。さらに皇子墓と伝承される古墳も前方後円墳の形制をとる。各地の氏上の墓制も前方後円、前方後方墳の形制に従うのである。したがって、それぞれの間を区別する基準を得ることは難しい。しかし、各地の前方後円、前方後方墳をすべて在地の氏上墓と見做す最近の学的傾向は正しくない。皇后、皇妃の陵墓はその出自の氏地に営まれるし、皇子の墓も母、あるいは壬生の氏地に営まれると考えられるからである。このことは重要な事実である。后妃、皇子を出した氏地に規模雄大な前方後円墳が営なまれている場合には、各地の地域を卓越した被葬者としてそうした皇親を宛てる要があると言ってよいであろう。天皇陵にあっても同様なことが言えるであろう。

天皇陵は果して何れの地に築かれるのか、その原理を追う時、想起されるのは皇后の存在である。皇后の出自氏族――多くは和邇、息長氏であり、時に葛城、蘇我氏――の氏地の一をえらんで築造するといった原則が記紀からは辿れそうである。天皇陵の移動をもって王朝交替を説く所説も見られるが、まずは立后氏族を介してはじめてその「移動」の意味が解きうると私は考えるのである。

群集墳をのこした人々

埼玉県立博物館
利根川章彦
（とねがわ・あきひこ）

現在の群集墳論からはヤマト政権や在地首長と被葬者の政治関係
が論じられるが共同体の変質・身分秩序も忘れられてはならない

　古墳時代後期を象徴する事象は，横穴式石室の導入，鉄製武器類・須恵器など副葬品の実用品化などと並び，小古墳の爆発的増加である。小古墳の累積的築造により形成された遺跡を「群集墳」と呼び，その歴史的意義を史的唯物論の立場から明確にしたのは，1952年以降の近藤義郎氏の一連の業績であった[1]。

　近藤氏は，「古墳被葬者は豪族」という古墳時代一般に対する通念としての被葬者像に反論し，古い共同体の分解から生じた家父長的階級関係に立脚した奴隷主的家父長家族が後期古墳＝群集墳の被葬者であることを指摘した。

　小稿では，近藤氏の高説に学びつつ，80年代の今日，群集墳の被葬者像の研究の深化のため議論の足場づくりとして，近年の群集墳論を検討しつつ，被葬者の性格や歴史的位置づけを模索してみたい。

1　いわゆる「古式群集墳」について

　小古墳が数個の家族集団の数世代の累積的築造によって群集するのは，5世紀代まで遡ることが指摘されている。横穴式石室導入期以前に木棺直葬・粘土槨・箱式石棺などによる埋葬施設をもつ小古墳群が群集墳の先駆的形態となることは，すでに古く甘粕健氏が触れている[2]。甘粕氏は「前Ⅲ期に遡る群集墳」として，例外的に取りあげられ，各地域社会の不均等発展を説明する材料とされていたように思われる。

　これに対して近年，石部正志氏が主張している「古式群集墳」概念は，もっと古くからの集団墓との類似性までも視野に入れている[3]。石部氏は，橿原市新沢千塚古墳群，御所市石光山古墳群，当麻町兵家古墳群などを典型として，5世紀後半から6世紀前半にかけて主たる古墳が形成されるものを一般の群集墳（6世紀後半以降を主要な形成期とし，横穴式石室を埋葬施設とするもの）と区別し，「古式群集墳」と呼んだ。これは，弥生時代以来の方形周溝墓（台状墓）群に起源し，後期群集墳に連らなるものとして，「弥生時代以来の共同体の経営の単位集団である世帯共同体の家長墓であり，本質的な変化はみられないのである」と考えられた。

　石部説は，群集墳築造期の社会は，弥生時代以来の「農業共同体」の秩序が残存していると見ている。むしろ群集墳廃絶期に古い共同体的秩序が崩壊し，日本律令国家の成立によって官僚制・戸籍・法など国家的支配体制が整えられることを主張するのである。

　石部説には，弥生時代から古墳時代にかけての共同体の変質や政治権力の発達の過程から群集墳の発生・展開・消滅を説明できるという魅力があるが，疑問な点もある。たとえば，方形周溝墓→

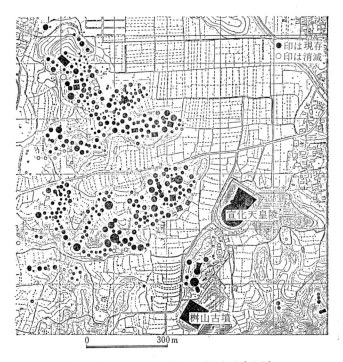

図1　橿原市新沢千塚古墳群（註3）論文より）
各支部内部に階層性の明瞭な古式群集墳の一例

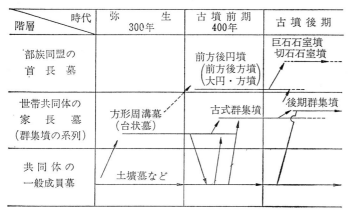

図2 石部正志氏の墓制展開図式（註3）論文より）

古式群集墳→後期群集墳という集団墓群の時間軸上の連鎖が考えられるならば，事実上いかなる遺跡あるいは遺跡群をそのようなモデルと考えたか，やや不安が残る。

石部氏は弥生時代後期の方形周溝墓群として田能，紅茸山，郡家川西遺跡をあげ，古墳時代前期のものとして，長原，七ノ坪，菩提池，平城宮跡下層，服部遺跡などを取りあげる。これに池ノ内古墳群や，先にあげた三つの「古式群集墳」を含めて考えても，直接的に墓制上の連鎖を実証することは困難である。高槻市周辺においては，弁天山古墳群が築造される古墳時代前期から中期にかけては有力な集団墓が欠落している。また，長原遺跡以外の大阪平野の諸遺跡群でも，加美，亀井，東奈良，山賀，瓜生堂，美園遺跡等々で弥生時代中期から古墳時代中期にかけての方形周溝墓群・小古墳群が形成されているが，それぞれに群構成や規模・埋葬施設などに個性があるようである。集落遺跡群全体の動向をも正しくおさえられれば連鎖の立証はできるかもしれないが，高安千塚，一須賀古墳群など後期群集墳は東部の丘陵地帯にあるため，位置的に見て直接的連続性をたどれそうもない。さらに，豊中市桜塚古墳群のように，中・小古墳でありながら優秀な武器を持ち，その立地や分布状況から見て在地首長の墓と考えられるような古墳群[4]の問題も群集墳や方形周溝墓群を中心とした集団墓群把握の文脈からははずれていってしまう。

さらに，古式群集墳の典型と考えられた新沢千塚，石光山，兵家古墳群などの場合は奈良盆地南部に偏在している上，弥生時代の方形周溝墓群や古墳時代前期の小古墳群が明らかな例もごく少な い[5]。

しかしながら，共同体——首長会議——部族同盟の理論構成から，首長墓，家長墓，共同体の一般成員墓の三階層が弥生時代から古墳時代後期まで，各階層内での変動を伴いながら再編成され，展開していく図式の有効性は認められてしかるべきであろう。石部説は大地域の集団関係の変動全体から見るならば，まだ構造的把握の先進性を有するが，小集団がいかに形成され，崩壊し，あるいは再生されていくかが分析できるような地域の場合には反論の余地を与えてしまうのである。石部氏は群集墳形成に，①新沢千塚のような本格的古式群集墳出現期（5世紀後半），②横穴式石室普及期（6世紀中葉）の二期の画期を指摘し，古墳時代前期以来の政治的部族同盟体制の動揺，小首長層の在地首長に対する軍事的従属と身分保証などのような重要な視点をも提供しているが，この点には従っておきたい。

石部説に対して，最近，服部聡志氏が奈良盆地内の主要な古式群集墳の展開について，古墳時代中期の中・小古墳の築造を媒介として5世紀末葉前後から木棺直葬小古墳が飛躍的に増加する事実から，このころ「それまで古墳を築きえなかった新たな被葬者層の拡大」があったことを主張している[6]。服部氏は，これらの木棺直葬墳（群）（＝古式群集墳）が竪穴式系列埋葬施設（竪穴式石室，粘土槨，木棺直葬）の一形態として木棺直葬を採用していることより，「同じく墓壙内に木棺を納めるという点で共通する弥生時代以来の方形周溝墓（方形墳）とは本質を異にするものと理解する」としている。服部説においては，古式群集墳の集中する奈良盆地南部地域の中期中・小墳の内容を明らかにし，当時の政治組織の中で，「古墳を築きえた最も下位の階層」に対応する。そして，これらはその後に築かれる多くの木棺直葬墳とともに群集墳として定着していくと考えている。

石部説が共同体の政治組織化の推移とともに群集墳が展開すると考えるのに対し，服部説では前期以来の政治権力の記念物としての「古墳」の築造がより下層に拡大していき，群集墳の成立にいたると説かれているようである。現象面での正確な把握をめざすという研究の方向性により，古式

群集墳に後期群集墳と同等の意義を求めているが，この考え方では横穴式石室導入の意義が弱体化し，本来古墳の終末まで見通して構想されねばならない群集墳論が平板化してしまうおそれがある。寺沢知子氏の新沢千塚の分析にあるＡ型墳の卓越性と中央勢力との直接的結びつき，各支群内部の強固な階層性の存在と７世紀初頭の身分秩序再編成の指摘[7]などが服部説ではやや矮少化している上，墓制の展開と共同体的諸関係の変化について歴史的に把握されていない点が惜しまれる。

また，長原遺跡などの沖積低地の墳墓群と丘陵地帯の古式群集墳を立地条件の違いから区別しようとする考え方[8]が服部氏以外にも見受けられるが，遺跡群総体の把握の中でもっと詳細に議論を尽して集落と墳墓の関係性の相違，あるいは生産・流通のあり方の相違などの視点に立って議論しなければ，石部説を論破したことにはならないであろう。

一方，服部説のメリットは古式群集墳の祖型が弥生時代の方形周溝墓群に直接的には求められないことを考古学的に証明したこと，および，中期中・小墳と古式群集墳の関連についてもかつての白石太一郎説[9]以上に実証的基礎を与えていることにある。服部氏の今後の課題として方形周溝墓論と横穴式石室墳論とを，木棺直葬墳自体の充実とともに，鍛える必要性を提言しておきたい。

古式群集墳を取りあげる重要な論考は他にもあるが，紙数に余裕がないので，この二説を基礎にまとめておこう。

奈良盆地の古式群集墳の被葬者層は，当時の大王を中心とした政治勢力の傘下にあって，早期にその身分秩序に取り入れられ，軍事的に編成されていった有力家父長層であると考えることはできる。ただし，その内部に強固な階層的秩序を伴い，その前提として５世紀前半代まで遡及される中・小墳の築造があるとすれば，盆地南部の小豪族層の基盤となる共同体の中から多数の被葬者が出現したことになる。これは，石部氏が説くように，共同体の変質を考慮せずには理解できない。

では，関東や中国地方の「初期群集墳」についてはどうか。これらの被葬者層は大王を中心とした政治勢力との直接的結びつきは考えられないので，在地首長層との政治的関係性から古墳築造の権利を獲得していったようである。在地的軍事編成の問題にかかわりをもつと考えたい。

なお，古式群集墳内部の階層性は，各群集墳の形成事情によって異なり，各小地域の遺跡群の動向から考えられる集団間の政治的・経済的ネットワークの様相や，被葬者層が在地首長層またはヤマト政権と交渉をもつ契機などを個別的に整理し考察する中で析出されてくるのではないかと思う。

2　後期群集墳について

近藤氏がかつて問題とし，現在も多くの群集墳論の対象となっているのも，６世紀半ば以降の横穴式石室を埋葬施設とする群集墳である。これら一般的な群集墳の認識を高めた説は水野正好氏の「墓道」を原理とする同族関係，複次葬→単次葬の移行による政治的秩序の強化，推古朝薄葬令の施行という想定を基礎とする家族墓学説である[10]。

水野氏は墓道を通じた築造順序の確定から有勢・中勢・弱勢家族の階層性が見られるものがあることを指摘している（小野市中番地区古墳群，宝塚市雲雀山東尾根中古墳群など）。「群集墳は，このように従前，有力家族の戸主一人にしか造墓をみとめなかった規制が変化し，その戸主の家族や類縁家族にまで造墓を認めたところに誕生するのである」。そして，「従前の首長を把握し統括しようとしてきた朝廷の方針が，首長の類縁家族やその統率下にある有力家族までも，首長の勢力をのこしたままではあるが把握する形に変化してきたところに生じたものといえるであろう」としている。

また，ヤマト政権の政治的契機をより重視する広瀬和雄氏の墓域賜与論[11]がある。広瀬氏は，①ヤマト政権が，５〜６世紀に激化した共同体秩序の混乱を収拾し，新たな地域支配・政治秩序を形成するために，家父長層を選定して地位を固定し，一般成員と分離して序列化を促進する方策として，造墓活動の前提である「墓域」を与える，②家父長層はヤマト政権と直接的に政治関係をとり結ぶことによりお互いに没交渉的に群集墳を形成する，と述べる。

水野説では各地の実情に従った群構造の認識を進めていこうとするが，広瀬説は一般論として，家父長層とヤマト政権の直接的政治関係が在地社会の新しい編成秩序を形成すると主張している。水野説は議論に幅があり従うべき点が多いのでひとまずおくとして，広瀬説の場合，①畿外まで含めたすべての群集墳被葬者がヤマト政権と政治関

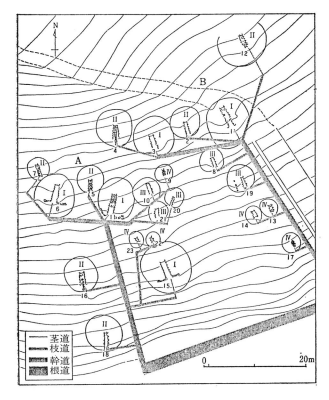

図 3 宝塚市雲雀山東尾根中古墳群（註10）論文より）
Ⅰ～Ⅳ型の石室形態の流れから有勢・中勢・劣勢家族が
指摘されている

係を直接的にもちうるかどうか，②群集墳が所在する各地の丘陵地帯が当時ヤマト政権に領有され，賜与されていったと考える根拠は何か，など疑問点がある。これに関しては水野氏のほか，山中敏史氏[12]が述べるような「群集墳造営主体や被葬者構成の地方差・地域差」の問題が考えられねばならず，集団関係の下からの変換をもっとポジティブに評価していく必要性を感じる。

これら以外にも，白石太一郎氏の擬制的同族関係論[13]や河村好光氏の編成秩序論[14]などの重要な学説にも触れる必要があるが，紙数もつきたので別稿を期したい。

後期群集墳の被葬者が古式群集墳のそれにも増して拡大していくと考えられることは，有力家父長層やそれを掌握する在地の「支配共同体」が新たな編成秩序に基づいて再生・充実してくることによると考えられる。それがかなり地方差の大きいものであって，造墓規制の厳格な地方ではより限定された小地域にしか群集墳が作られず，政治的階層性さえ確保されれば大多数の共同体成員にまで造墓活動が容認されたようにも見受けられる地方もある。

このような差が生じた理由は，①手工業も含めた生産力発展の地域差，②小地域首長とそれを上まわる広域的な在地首長の政治的秩序の強弱や個性，あるいは軍事編成の様相とその相違，③渡来民や外来入植者など在地の集団と立場を異にする集団が個性的な集団墓を築く場合，などをあげておきたい。

3 おわりに

近藤説が明らかにした群集墳の被葬者像は在地の家父長層の「豪族化」と律令国家の支配体制に捕捉されて挫折する姿であった[15]が，現在の多様な群集墳論から考えられる被葬者像はより複雑化している。むしろヤマト政権中枢の豪族層が全国征覇にあたって在地の共同体との政治関係を重層的にとり結んでいかねばならないことに苦悩している姿を描写すべきではなかろうか。

註
1) 近藤義郎『佐良山古墳群の研究』津山市教育委員会，1952
2) 甘粕 健「古墳時代の展開とその終末」『日本の考古学 Ⅴ』所収，1966 など
3) 石部正志「群集墳の発生と古墳文化の変質」『東アジア世界における日本古代史講座 4』所収，1980
4) 野上丈助「摂河泉における古墳群の形成とその特質」考古学研究，16―3，1970
5) 関川尚功「群集墳をめぐる諸問題」『桜井市外鎌山北麓古墳群』所収，橿原考古学研究所，1979 に低地部まで含めた遺跡群の動態が検討されている。
6) 服部聰志「群集墳の成立過程に関する一考察」ヒストリア，105，1984
7) 寺沢知子「初期群集墳の一様相」『考古学と古代史』所収，同志社大学，1982
8) 白石太一郎「群集墳の諸問題」歴史公論，7―2，1981 など
9) 白石太一郎「大型古墳と群集墳」橿原考古学研究所考古学論攷，2，1973
10) 水野正好「群集墳の構造と性格」『古代史発掘 6』所収，講談社，1975 など
11) 広瀬和雄「群集墳論序説」古代研究，15，元興寺文化財研究所，1978
12) 山中敏史「律令国家の成立」『岩波講座日本考古学 6』所収，1986
13) 白石太一郎「畿内の大型群集墳に関する一試考」古代学研究，42・43，1966 および白石前掲註9)論文
14) 河村好光「後期古墳の編成秩序とその展開」考古学研究，27―1，1980
15) 近藤義郎「農民と耳飾り」考古学研究，13―1，1968

33

横穴墓の被葬者

日本大学教授
竹石健二
（たけいし・けんじ）

横穴墓は発生，終末を含めてそのあり方は一様ではなく，現
時点では横穴墓の被葬者を特定することは極めて困難である

1 横穴墓の研究史

横穴墓に対する研究は，1955（昭和 30）年頃までではそれほど活発ではなかった。その最初は 1877（明治 10）年の根津武香氏による埼玉県黒岩横穴の発掘調査であったが，最初の本格的研究は，1887（明治 20）年の当時東京帝国大学の大学院生であった坪井正五郎氏による埼玉県吉見百穴の発掘調査をまたなければならなかった。坪井氏は，発掘した横穴に対して，これらは土蜘蛛を住人とする住居であろうとして有名な穴居説を呈示し，埋葬が認められる横穴については，その埋葬は二次的産物であるという見解を示した。しかし，その後，横穴からの遺骸埋葬例の資料の増加により，穴居説は否定され，明治末年までには墓址説が定着し，横穴は横穴墓として確立するにいたった。

その後，大正から第二次世界大戦頃までは，先学によるいくつかの発掘・研究も認められるが，とくに注目されるものはほとんどなかった。その中で 1936（昭和 11）年の三木文雄氏による論考「上総国長生郡二宮本郷村押日横穴群の研究」[1]は，横穴墓を群として把握し，玄室内に施設された棺台のあり方を基準にして形態分類を試み，横穴墓の形態変遷を一棺台のもの→多棺台のもの→無棺台のものと推定し，これは単葬→合葬→多葬への変化を示すものとして理解し，これらの横穴墓の構築時期を 7 世紀から 8 世紀前半代に推定したことは特筆に値するものであった。

1955（昭和 30）年以降になると，それまで地道に研究を続けてきた人たちをはじめとして，また，それぞれの立場から多くの人たちによって注目すべき研究成果が発表され，横穴墓研究は活況を呈するようになり現在にいたっている。横穴墓研究の活発化の一要因としては，1960（昭和 35）年前後頃以降における各種開発行為にともなう大小規模の発掘調査の激増による横穴墓資料の増大があげられる。1955 年以降における多くの研究成果のうち，例えば，横穴墓の形態変遷論に関す

る代表的なものとして，赤星直忠氏と山本清氏の論考をあげることができよう。

赤星氏は 1959（昭和 34）年に公刊された『鎌倉市史―考古編一』の中で，戦前より神奈川県を中心に精力的に調査された多くの資料を基にして，横穴墓の発生は，古墳時代後期に内部主体として採用された横穴式石室の模倣もしくはその影響にあるのではなくて，横穴墓造営者集団の居住した竪穴式住居の内部構造の模倣にあるとし，時間の経過に従って形式化していったものであると推定した。この見解は，その後の横穴墓の形態変遷論の基本となったものとして評価されるものであったが，出土遺物との関係が充分検討されていなかったことから以後多くの反対論が認められる結果となった。

これに対して，山本氏は 1962（昭和 37）年に発表された「横穴の型式と時期について」[2]の中で，島根県下の横穴墓の資料の分析を基にするとともに，横穴墓からの出土遺物を重視して，島根県下の横穴墓の構造形態が九州地方の古墳の内部主体構造である横穴式石室や家形石棺と類似していることを指摘し，その結果，横穴墓は横穴式石室や家形石棺の影響下に九州地方で発生したものであり，整正な家形のものが最初につくられ，時間の経過によって種々の形態のものが造営され，両者は並行しながら終末期まで継続して営まれたものであろうと推定した。すなわち，横穴墓は九州地方で発生し，時間の経過とともに各地方に伝播していったものとする見解であった。なお，この見解は，1974（昭和 49）年からの発掘調査による福岡県竹並遺跡から 5 世紀後半にさかのぼる横穴墓が発見されたことにより実証された。この後，横穴墓研究の大勢は，その被葬者の問題を含めた横穴墓の性格・意義の解明へと展開していった。

2 被葬者について

横穴墓の被葬者についての見解は，おおむね次の 5 つに大別することができる。すなわち，

1. 古墳の被葬者より低い階層とする見解
2. 家父長制的世帯共同体の構成員とする見解
3. 郡司，里長，戸長などとする見解
4. 族長または具体的氏族の構成員とする見解
5. 特殊技術者集団の構成員とする見解

である。次に各々について先学の見解をみてみることとする。

（1） 古墳の被葬者より低い階層とする見解

この見解は，大正から昭和にかけての横穴墓の被葬者に対する一般的な考え方であった。それは横穴墓から検出される副葬品は古墳からのものと大同小異であるが，優品も少ないという理由から一般民衆の墓と考えられたものであった。また，氏家和典氏は，宮城県の横穴墓の資料を基にして，横穴墓を内部施設を中心に分類するとともに，それを編年化し，そのうえで単位群の差異を明らかにし，その性格を追求し，古代社会相の復元を試みられた。そして，横穴墓の被葬者については，横穴墓が古墳より広範な分布を示しているという事実から，かつて古墳に埋葬された階層とそれ以外の階層を含む被葬者を想定されている。

さらに，山田良三氏は，石室墳と横穴墓との関係について，両者に家形石棺が納められたり，その副葬品に明確な差異が認められないことなどから，経済的には同じ程度の被葬者であったろうと考え，また，両者の構築の難易さから，石室墳は小規模でも重量のある石材を使用しており，古墳築造に必要な労働力を所有し，それを身分的に保障された集団の墳墓群であり，横穴墓の被葬者は，経済的には等しいが，政治的身分に差のある有力集団の構成員ではなかったかと推定されている。

また，望月董弘氏は，古墳と横穴墓との関係において，両者の築造の難易さの比較，棺の相違の比較（石棺と木棺），副葬品の相違の比較（玉の種類と材質の精粗など）などから，駿河伊庄谷横穴墓群の被葬者は，付近の円墳の被葬者と比較してみれば明らかにより低い階級の人であったと想定されている。以上のようにこの1に対する先学の見解には具体的な階層についての記述は認められない。

（2） 家父長制的世帯共同体の構成員とする見解

赤崎敏雄，長嶺正秀，佐田茂の諸氏は，1,000基以上の横穴墓群であったと考えられる福岡県竹並遺跡の調査研究，すなわち，各横穴墓の構築時期と構造上の特徴，単位群の把握，性別および大人，子供別を含む埋葬遺骸数，一墓道に対する横穴墓数等々の検討から，竹並遺跡の横穴墓群の被葬者を推定している。例えば，各横穴墓から出土した多数の須恵器を中心として，横穴墓群の構築時期をⅠ・Ⅱ・Ⅲ・Ⅳa・Ⅳb・Ⅴ・Ⅵ・Ⅶ型式の8時期に分類し，さらに，横穴墓のあり方から3時期に区分している。

それによると，Ⅰ期はⅠ・Ⅱ型式が該当し，5世紀後半から6世紀前半の時期であり，Ⅱ期はⅢ・Ⅳa型式が該当し，6世紀後半から7世紀初頭の時期であり，Ⅲ期はⅣb・Ⅴ・Ⅵ・Ⅶ型式が該当し，7世紀初頭から8世紀前半の時期であるという。また，一横穴墓に対する埋葬遺骸数は，Ⅰ型式では1体，Ⅱ型式では2体，Ⅲ・Ⅳa型式になると1〜2体が多く，3〜5体がこれにつづき，最高で6体が認められ，Ⅲ型式からは幼児の埋葬も開始される。Ⅳb型式では3〜5体も認められるが，埋葬数を減じ2〜3体の傾向が強くなり，Ⅴ型式以降になると2〜3体が普通となり，Ⅳb型式以降になると再埋葬も認められるという。また，墓道と横穴墓との関係は，Ⅰ期では0.5〜2mの比較的短い墓道に1基の横穴墓が構築され，これらが数基集まって1単位群を形成すると考えられ，Ⅱ期では5〜10mの長い墓道に1〜2基の横穴墓が構築されるが，原則的には1墓道1横穴墓であり，2〜5基の墓道をもって1単位群を形成すると考えられ，Ⅲ期では7〜18mのさらに長い墓道に6〜10基の横穴墓が構築され，Ⅲ期のⅥ型式からは墓道の中央付近に広い前庭部をつくり，前庭部を中心として，その周囲に複数の横穴墓が構築され，墓道を単位とした横穴墓の集合に変化することが認められ，さらに，2〜3基の墓道をもって1単位群を形成すると考えられるという。

これらのことより，竹並遺跡の横穴墓群の被葬者の性格は，佐田茂氏によれば，「Ⅰ・Ⅱ型式では世帯共同体的なまとまりははっきりせず，ごく限られた人々が埋葬されていた。しかしⅢ型式になると，一横穴墓への埋葬は傍系を含む夫婦単位を基調とした小家族で，それがいくつか集まった単位が家父長制的な世帯共同体をつくっている。埋葬数からみると相当多人数埋葬なので，構成員を多くもつ有力な共同体に限られていた可能性が強い。Ⅳb型式になると，一横穴墓への埋葬は以前

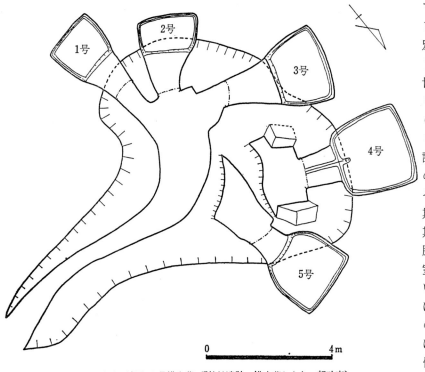

図 1　竹並遺跡D地区30号横穴墓（『竹並遺跡―横穴墓』より一部改変）

Ⅴ類の5つに形態分類し，これらを3時期に大別している。すなわち，Ⅰ期はⅠ類が該当し，6世紀後半の時期にあたり，Ⅱ期はⅡ類が該当し，6世紀末の時期にあたり，Ⅲ期はⅢ・Ⅳ・Ⅴ類が該当し，7世紀初頭以降の時期にあたるという。そして，Ⅲ期が大きな画期となっており，この時期に，玄室の平面形態が胴張りを有する横穴式石室と横穴墓が出現するという。これらの墓制形態は，けっして在地的動向の中からうまれたものではなく，ともに外来的な性格の強いもので，これは比企地方に政治的転換と外来氏族の集団移住のあったことが想定されると論じている。さらに，横穴墓は横穴式石室と全く同質の葬制が被葬者集団の社会的性格に規制されて，横穴墓構築という異なった墓制を採用させたと考えられると論じている。そして，この画期は，『日本書紀』の安閑天皇元年条にみられる武蔵国造の争いによる朝廷への4屯倉献上，とくに横渟屯倉の設置に求められるとしている。この横渟屯倉の設置にともなって壬生吉士氏が一族集団とともに屯倉の管掌者として移住してきたものと考え，胴張りのある横穴式石室と横穴墓の被葬者は壬生吉士氏一族であろうと想定している。

また，乙益重隆氏は，静岡県大北横穴墓群第24号横穴墓の玄室から発見された「若舎人」と陰刻されている石櫃と出土土器片の検討から，舎人という職名から若舎人という氏名に転じたものであろうと考え，被葬者は若舎人氏一族であろうと想定している。さらに，千葉県絹根方横穴墓群第1号横穴墓の羨道部左側壁に陰刻された「許世」・「大同元年」の2文字と右側壁に認められた「大同□年」・「古世」の2文字とが，この横穴墓群の南約3kmにある古船山の地名と共通性があると考え，安房・上総・下総に蟠踞した古氏族巨勢氏に比定し，上段の横穴墓群を巨勢氏一族のものと

と同じであるが，埋葬数が少なくなる傾向もみせるので，次第に有力家父長制的な世帯共同体となる。Ⅴ型式になると，一横穴墓への埋葬は直系の小家族のみとなり，細分化されてくる。Ⅵ・Ⅶ型式は横穴墓築造の衰退期であるが，家族構成は依然として変わりなく，次代には戸籍にみえるような家族構成の家父長制的な世帯共同体となっていった」[3]と述べている。

（3）郡司，里長，戸長などとする見解

阿部黎子氏は，神奈川県下の横穴墓の資料と文献を基として，神奈川県下の横穴墓の構築時期が6世紀代にさかのぼるものが認められないということと，奈良時代には一郷の人口は1,000人をくだらないということから，その当時の平均寿命を30歳とみなし，横穴墓の造営期間200年間では7世代が考えられるとし，各世代の被葬者数を算出した。その結果から，横穴墓の被葬者は，庶民ではなく，ごく限られた数世帯の人々であったとし，具体的に郡司・里長などの在地豪族と想定し，さらに，その他朝廷によって東国に移入された氏族集団などであったかもしれないと想定している。

（4）族長または具体的氏族の構成員とする見解

金井塚良一氏は，比企地方の横穴式石室をⅠ～

図2 大北横穴墓群24号墓出土石櫃の文字
（『大北横穴群Ⅲ』より）

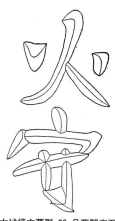

図3 古城横穴墓群39号墓閉塞石の文字
（『古城横穴墓群』より）

想定している。また，第10号横穴墓の羨道部右側壁に陰刻された「木」の検討から，安房・上総・下総に蟠踞した古氏族紀氏に比定し，下段の横穴墓群を紀氏一族のものと想定している。

（5）特殊技術者集団の構成員とする見解

軽部慈恩氏は，静岡県柏谷百穴（かしや）の調査で，出土遺物として亀甲が検出されたことから，占部との関連を考え，その被葬者は技術者集団であろうと想定されている。

また，渡辺一雄氏は，装飾横穴墓として有名な中田横穴墓の被葬者について，豊富な優れた副葬品が検出されていることから，すぐに在地豪族とか政治的権力者に結びつけるのはどうかとし，民衆を率いる在地豪族は高塚古墳が与えられるとし，伝統性の強い葬送儀礼のあり方を考えると技術者集団こそ横穴墓の被葬者としてふさわしいであろうと推察している。

なお，最近，「火守」と解読できる文字銘閉塞石が検出されて注目される熊本県古城（ふるしろ）横穴墓群について簡単にふれておきたい。八木充氏は，文字銘閉塞石をもつ第39号墓の被葬者について，7世紀末の律令体制確立直前の時期において，この横穴墓群に埋葬された100人をこえる多数の人々の中で，もっとも新しい時期に火守として選ばれ，火地方の火を保守する職務にあずかったものであろうと想定されている。

以上，横穴墓の被葬者について述べてきたが，筆者の浅学の故に，結局，先学諸氏の研究成果を羅列するにとどまり，私見を論じることができなかった。しかし，先学の研究成果もまた一遺跡のみの分析の結果からのものが大部分であり，それをもって全体にあてはめるわけにはいかないこと

も事実である。横穴墓は発生，終末を含めて，そのあり方は一様ではない。したがって，各地域の各横穴墓群の分析を通して，この場合はこうだといえるような方法論の確立こそ先決である。それには集落・村落構造と後期群集墳の分析と解明，文献史料の活用，世帯共同体・家父長制的世帯共同体などの語句の内容の統一等々が最小限必要となってくる。これらが十分満たされた時，横穴墓の被葬者もある程度解明されると期待されるが，現時点では横穴墓の被葬者を特定することは極めて困難であるといわざるをえない。

註
1) 三木文雄「上総国長生郡二宮本郷村押日横穴群の研究」考古学雑誌，26―1・2，1936
2) 山本　清「横穴の型式と時期について」島根大学人文科学論集，11，1962
3) 佐田　茂「横穴墓の被葬者」『竹並遺跡―横穴墓―』所収，寧楽社，1979

参考文献
池上　悟『横穴墓』ニュー・サイエンス社，1980
阿部黎子「横穴被葬者に関する一考察―神奈川県下の例を中心として―」考古学雑誌，52―2，1966
金井塚良一『吉見百穴横穴墓群の研究』校倉書房，1975
渡辺一雄ほか『歴史読本―総合調査横穴墓と古代国家の謎―』20―8，1975
軽部慈恩「伊豆柏谷百穴古墳群の調査」日本考古学論誌，2，1948
望月董弘ほか『駿河伊庄谷横穴墳』1963
熊本県教育委員会『古城横穴墓群』1985
斎藤　忠ほか『大北横穴群Ⅲ』1981
平野元三郎・滝口　宏「大同元年在銘横穴」古代，49・50合併号，1967
静岡県教育委員会『掛川市宇洞ヶ谷横穴墳発掘調査報告』1971

副葬品が語る被葬者像

明治大学教授
小林三郎
（こばやし・さぶろう）

鏡を中心とする古墳への副葬品は死者の生前の性格をよく反
映しており，主人公だった被葬者への来世観をうかがわせる

古墳の副葬品は，時と共に変化する。当然，被葬者の保有する文物の相違を示す現象であるが，同時に被葬者の性格をも反映していると考えてよい。しかし，被葬者の性格と言っても，それはかなり相対的な部分が多い。つまり，古墳時代社会の中で，あるいはその社会機構の中での性格であり，さらに環境を拡大して東アジア全体の中ではどうか，という総体的な比較論の展開も必要となろう。

しかしここでは，あまり拡大部分にはふれられないので，古墳時代の中の，しかもその初期の頃，古墳成立当初における副葬品をとり上げて，被葬者像を復原する試みとしてみたい。さらに，副葬品全体に目を通すことも，今の段階ではかなり困難であるし，古墳間における副葬品の種類や数量に相当の差異があるから，かなり共通したものを抽出して論じてみることにしよう。もっとも，副葬品の種類や数量に相当の差異のあること自体が，古墳被葬者像を物語っているのだ，とする主張も当然存在するわけで，この主張にも大いに耳を傾けなければならないと思う。しかし，この場合には，種類を異にする各々の副葬遺物について，各々検討し総合的な比較研究をする必要が生ずる。本論もそうした主張の一環として，初期古墳に比較的共通して存在する副葬「銅鏡」をとりあげて，副葬品としての性格の変化の中から，被葬者像の復原にアプローチしてみよう。

1 古墳成立当初における伝世鏡保有の意味について

かつて，小林行雄博士は古墳の発生の要因を語る中で，男系世襲制の確立と伝世鏡の断絶とをリンクさせて論ぜられたことがある[1]。伝世鏡の特徴とされる「手磨れ」現象については若干の反論や異論が唱えられてはいるものの，伝世という歴史的事象の本質とは無関係のところで論ぜられていて，もはや再びとりあげて検討する必要もないだろう。

鏡の製作時期と古墳埋葬時期との時間的ズレを説明するのは，何らかの意味での伝世を認めなければ解決がつかないから，それに歴史的意味づけが必要となるのは勿論である。梅原末治博士の提唱[2]以来，伝世鏡の中心は後漢代の製作になると思われる方格規矩四神鏡と内行花文鏡であった。近年，筆者はそれに古式の画文帯神獣鏡を加えてみてはどうかとする意見を提出したことがある[3]。この見解が妥当性をもつとすると次のようなことが問題となってくる。

わが国の弥生時代後期には，墳墓の副葬品として内行花文鏡や方格規矩四神鏡がみられるが，画文帯神獣鏡の副葬はない。上記三者の鋳造年代を比較してみても画文帯神獣鏡が相対的に後出するものとはいいながら後漢代に踏みとどまっているとみてよい。弥生時代から伝世される後漢鏡と，弥生時代の中で伝世を中断されたり，あるいは伝世せずに墳墓に副葬されたものがあることがわかる。そして弥生時代から古墳時代にかけて伝世し，古墳の発生によって，伝世の意味を失ない，副葬品として古墳に埋納されるもののあることも認めざるをえない。画文帯神獣鏡は，もしかすると弥生時代の末期に舶載され，内行花文鏡などと共に古墳時代まで伝世されて古墳に副葬品として埋納された可能性が強い。古式古墳の中には，内行花文鏡，方格規矩四神鏡などと共に画文帯神獣鏡が伴出する例と，そうでない例とがあって，画文帯神獣鏡は単独で出土する例の多いことも周知の如くである。

鏡の伝世の意味が，首長権の世襲制と関連すると否とにかかわらず，古墳発生当初の各地の在地首長層はきわめて不安定な社会的，政治的立場におかれていたことが推定されよう。同時に，伝世されるべき運命を担った鏡を保有することで，政治的な安定が与えられたとすると，日本列島内の鏡の移動の軌跡はそのまま古墳の発生，近畿地方を中心とする政権の確立の経緯を説明することになるだろう。

2 三角縁神獣鏡の輸入とその配布

さきの伝世鏡と三角縁神獣鏡とは両者が組み合わさって古墳成立の際の主要な役割を果たしてきたものと考えられる。とくに京都府山城町椿井大塚山古墳では，3枚の伝世鏡と30面余にのぼる中国製三角縁神獣鏡が竪穴式石室内に収められた割竹形木棺の周囲に，遺骸をとり囲んでそれを守護するかのように配置されていたという[4]。前期古墳の副葬品のもつ性格が，きわめて呪術的であるということは，諸先学の説くところであった[5]。とくに鏡を中心とする古墳への副葬は，死者の生前の性格をよく反映しているものとみてよい。弥生時代には首長権の表徴としての鏡が，古墳成立とともに遺骸をとり囲む守護役へと変化する。主人公だった被葬者への来世観にも想像をたくましくさせる。

三角縁神獣鏡には，一括多量の副葬という最も特徴的な部分がある。京都府椿井大塚山古墳の30面以上の副葬例，岡山市湯迫車塚古墳の10面以上の例，福岡県苅田町石塚山古墳の7面以上の例などは顕著なものである。前期古墳における竪穴式石室による葬法は遺骸の完全な密封によるものであるが，さらに石室内に割竹形木棺を収めて遺骸を再封するというもので，鏡をもって木棺を囲むことはさらなる封印の証でもあろう。後継者への信頼感がそうさせたのかもしれない。

1面か2面の鏡を保有し，権威の表徴とし，また祭祀のための媒介物として来た厚葬墳墓の被葬者たちが，多量の三角縁神獣鏡をその上に加えて司祭者から政治的な色彩の濃いものへと変化していく過程が，一括多量の鏡の副葬となってあらわされているものと考えられる。武器・武具をはるかに凌駕する量の鏡の意味するものは，単なる資財としての保有ではありえなかったであろう。ことに三角縁神獣鏡にはもう一つの大きな特徴として同笵鏡の存在が知られている。同笵鏡の分有関係の中に改めて政治的な色彩を指摘する必要はない。

3 三角縁神獣鏡の模倣と配布

古墳成立当初，中国との交渉をもっていた近畿地方の政権の中枢は，いかなる理由によるものかは判然としないが，中国との交渉を絶やしてしまう。おそらく西暦4世紀代のことだろう。ひとまず中国製三角縁神獣鏡の配布を完了していた近畿地方の政権の中枢部は，さらにその勢力圏の拡大のために，中国製三角縁神獣鏡を模倣した鏡を製作・配布する必要が生じたらしい。中国製三角縁神獣鏡の同笵鏡分有関係の中心は，京都府椿井大塚山古墳と考えられるが[6]，模倣鏡の同笵鏡分有関係の中心は，大阪府茨木市宿之庄紫金山古墳へと，その分有関係の中心を移しているという近藤喬一教授の重要な指摘がある[7]。古墳成立当初の被葬者層のさらに一まわり外郭の首長層との従属関係を示すのかもしれない。あるいは，第二世との間における従属関係の再確認なのか，それとも山城国（京都府椿井大塚山古墳）から摂津国（茨木市紫金山古墳）への政権中枢部の移動に伴う政治的必要性のためなのだろうか。

4 伝世鏡の復活と三角縁神獣鏡

西暦4世紀末頃の現象として，一度消滅したはずの伝世鏡類が，かつての鏡式の模倣として再出現する。この伝世鏡の復活は，一括多量の副葬を特徴とする三角縁神獣鏡の倣製鏡と伴出する例がみられる。さきの大阪府茨木市紫金山古墳例をはじめとして，京都府百々池古墳例，奈良県北葛城郡佐味田宝塚古墳，同・新山古墳，同柳本町天神山古墳，岡山県長船町鶴山丸山古墳例などがあって，伝統的な竪穴式石室・割竹形木棺という内部主体構造から，粘土槨，礫槨，竪穴式石室＋石棺といった新式葬法への変化もみられる。伝世鏡類の倣製鏡の中で最大のものは山口県柳井市茶臼山古墳出土例，奈良県天理市柳本大塚古墳例がある。前者は直径44.8cmの画文帯神獣鏡の倣製鏡であり，後者は直径39.8cmの内行花文鏡の倣製鏡である。この二古墳は不幸にして内部主体構造が不明であるが，伝世鏡として顕著な方格規矩四神鏡の倣製鏡をもつ奈良県日葉酢媛陵古墳は，石棺＋竪穴式石室という葬法の中ではやや特殊な構造を示す点や，奈良市佐紀楯列古墳群中の1基である点では，安定した政治的な地位を保持していた人物を推定することも可能であろう。加えて2面の倣製方格規矩四神鏡はいずれも直径30cmを超す大型品であり，古墳時代の鏡の中では最も大型化した段階のものである。

伝世鏡類の倣製鏡は，中国製あるいは倣製三角縁神獣鏡と伴出する例のほか，単独で出土したり他の鏡式と伴出する例があるが，東日本では一括

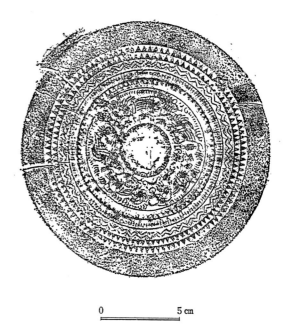

千葉県城山1号墳出土三角縁三神五獣鏡
(『千葉県小見川町城山古墳の調査』より)

千葉県金鈴塚古墳出土三神五獣鏡

多量副葬の例はほとんどみられない。倣製内行花文鏡と中国製三角縁神獣鏡との伴出例として静岡県磐田市松林山古墳，倣製画文帯神獣鏡との伴出例として山梨県東八代郡中道町銚子塚古墳例などが挙げられるにすぎない。このことは，伝世鏡の持つ伝統的な意味あいが，三角縁神獣鏡と結合することで復活していることを示しているのかもしれない。静岡県松林山古墳も山梨県銚子塚古墳も共通して竪穴式石室を内部主体としていることも共通している。遠江国，甲斐国を司どる首長層の姿を垣間みることができる。

5　新式鏡群の移入と配布

　金象嵌銘文をもつ鉄剣を出した埼玉県埼玉稲荷山古墳，銀象嵌銘文をもつ鉄刀を出した熊本県菊水町江田船山古墳の出土鏡として共通するのは，新式の画文帯神獣鏡である。西暦5世紀代後半から6世紀代初め頃にかけて各々の古墳に副葬されたと考えてよいものである。西暦5世紀代に入ると古墳の副葬鏡数は減少の一途をたどる。一括多量の三角縁神獣鏡時代の鏡の性格とは，もはや比すべくもない。武器，武具，馬具がどちらかといえば副葬品の中心をなしていると言ってもよい。とはいうものの，遺骸の中心部に安置されるものはやはり鏡であったらしく，埼玉県埼玉稲荷山古墳の遺物出土状態でも，遺骸の頭部付近に置かれていたと報告されている。

　西暦5世紀代は，いわゆる「倭五王」の時代であり，河内平野を中心とする大古墳の築造の時でもある。まさしく政治的にも充実した時期を迎えていた。この時期はさきに述べた中国製画文帯神獣鏡のほかは副葬鏡の種類はきわめて乏しい。倣製小型鏡も単独副葬の例が多く，横穴式石室の発展とともに鏡の社会的あるいは宗教的な位置は次第にうとんぜられるようになったらしい。その中にあって，わずかに新式の画文帯神獣鏡だけが，同笵鏡の分有関係をもって日本列島内で政治的な動きを象徴している。

　西暦5世紀代は，その末頃にはすでに群集墳の出現をみるが，群集墳の被葬者たちはほとんどの場合，鏡を保有していない。不要なものであったかもしれないが，画文帯神獣鏡や他の若干の鏡群にみられるように，中国鏡を踏み返してまでも同笵鏡分有関係を保持しようとする政治的指導者層は，あくまでも伝統的な司祭者意識を捨てきれなかったのではないだろうか。

6　伝世鏡の復活

　千葉県香取郡小見川町城山1号墳の横穴式石室から中国製三角縁神獣鏡が発見され，それが京都府椿井大塚山古墳副葬鏡の中の一面と同笵であることが判明している。千葉県城山1号墳は他の伴

40

出品からみて古墳時代後期のものとしてよいし，京都府椿井大塚山古墳は古墳成立当初の頃のものとしてよい。時間差はあまりにも歴然としている。何故の伝世であろうか。

　この間の経緯についてはすでに論じたことがあるが[8]，三角縁神獣鏡の短期間の伝世は各地の古墳においても推定するに難くない。しかし，三角縁神獣鏡伝世の時間の長短は何故に生ずるのであろうか。古墳被葬者層の拡大という事を論ずるには，群集墳被葬者層との比較をした後でなければならないだろう。あるいは古墳被葬者間の格差が次第になくなりはじめ，わずかに表徴的な鏡を保有しうるか否かによって，わずかに優劣の決着をつけていたのかもしれない。千葉県城山1号墳についてみてみると，三角縁神獣鏡は三神五獣という，どちらかというと変化形の文様配置をとるものである。この文様配置に近いものを城山1号墳の周辺の古墳及びその出土品について検討すると，千葉県内で木更津市金鈴塚古墳がある[9]。木更津市金鈴塚古墳出土鏡は，おそらく城山1号墳を原型として鋳造された可能性が強いから，古墳被葬者間に格差のなくなった時期を迎えての，わずかな優劣の証拠として，小型ながら倣製三神五獣鏡を生み出したのではないかと推論したのである。これはやはり鏡の伝世の意味を受け継いだものとして解釈しうるだろう。古墳時代社会では，一部では依然として鏡を表徴とする司祭者的性格の強い政治的指導者の存在を推定しようと試みたのである。

　鏡の単なる踏み返しによる鋳造という行為は，より同笵鏡意識が強いものであるが，原型を模刻した倣製鏡でも，かなり忠実な神獣像の模刻が伝世の意味あいを強めていたのかもしれない。

7　むすび

　古墳副葬鏡の変化を伝世鏡・三角縁神獣鏡・倣製鏡という三つの段階で捉えてみた。被葬者が生前に鏡を保有することの意味についても考えてみた。

　鏡にとりかこまれて永眠する被葬者から，武器・武具に保護されながらねむる被葬者への変化は，そのまま彼らの性格を表現しているものとみてよい。鏡が神威や権威の表徴として君臨していた社会は，やはり祭政が直接的に関わりを持ち合

っていたと考えられるし，鏡の模倣が盛行する段階では葬祭が未分離であったとも思える。神威・権威が政治的な立場と結合していた成立期古墳の被葬者は，生前の行動に関わる，また古墳築造にかかわる一切のものを，彼の黄泉国への道づれとして古墳に副葬させたものと考えてよい。それほどに神威・権威の継承はスムーズに進められたのであろう。鏡の伝世を中絶させたり，それをまた復活させたりすることの必然性は，古墳時代の中央集権的な政治体制が地方分権的な体制へと変化し，古墳被葬者層の拡大と共に，神威あるいは政治的な権威の継承が再び鏡やそれにとって代わる文物を必要としたからであろう[10]。

　倭五王時代においてすら，同笵（厳密には同笵とはいえないものも含む）鏡の分有がみられるし，それが「獲加多支鹵大王」（雄略天皇？）をめぐる全国的な政治行動と関わりを持つのではないかとする推測も，あながち誤った見方ではあるまい。ただし，この歴史的事象と古墳被葬者との関係をさらに具体的に論ずる場合は，彼我の間の時間的同一性を確認する作業を何よりも優先すべきであると考える。

註
1)　小林行雄「古墳の発生の歴史的意義」史林，38—1，1955（『古墳時代の研究』所収，青木書店，1961）
2)　梅原末治『讃岐高松石清尾山石塚の研究』京都帝国大学文学部研究報告 12，1933
3)　小林三郎「古墳副葬鏡の歴史的意義」『日本原史』所収，吉川弘文館，1985
4)　梅原末治『椿井大塚山古墳』京都府教育委員会，1964
5)　後藤守一「古墳の発生」駿台史学，3，1952
　　古代史談話会編『古墳とその時代』朝倉書店，1958
6)　小林行雄『古墳文化論考』平凡社，1976
7)　近藤喬一「三角縁神獣鏡の仿製について」考古学雑誌，59—2，1973
8)　小林三郎「古墳副葬鏡の歴史的意義」（前掲）
9)　滝口　宏編『上総金鈴塚古墳』千葉県教育委員会，1957
10)　古墳祭祀における祭と葬の分化をめぐる論文として近年発表されたものに，
　　岩崎卓也「古墳時代祭祀の一側面」（史叢，36，日本大学史学会，1986）がある。

特集 ● 古墳時代の社会と変革

生活遺構からみた社会の変化

古墳時代社会の構造は集落，祭祀，開発と生産の拡大に伴ってどのように変化していったろうか。またそれは何を意味しているだろうか

集落からみた社会の変化／豪族居館が語るもの／開発の諸段階と集団関係／祭祀の変化と民衆／古墳時代の生産と流通／生活遺構・遺物の変化の意味するもの

集落からみた社会の変化 ── 大村　直
市原市文化財センター
（おおむら・すなお）

弥生時代以降，単位集団間の格差が進行するが，古墳時代になると
首長層が一般集落から離脱したり，特定の単位集団が明確化する

　村や町，都市は，現代においても全く無秩序に配置されるものではなく，人間関係や社会関係，そこから派生する権力，さまざまな規制や利害の一つの結果である。とくに原始・古代社会においては，ムラは，集団を本来規定する血縁紐帯や労働編成と，より一体的な関係にあり，その集団関係を表現する。ただし，現象としての住居跡群から，直接的に，有機的な諸関係を復原することは困難であり，また，遺跡としての集落跡から，当時の姿を解きほぐしていく作業は，集落論当初からの課題であるにもかかわらず，なお未解決な問題である。けれども，さまざまな状況証拠に基づく仮説を，論理的に組み立てていく作業は，かならずしも非科学的なものとは思われない。

1 小住居跡群間の格差

　古墳時代は，いわば即物的な，「古墳」を指標とした考古学的な時代区分であるが，前方後円墳，あるいは弥生時代終末期における墳丘墓の成立は，社会的・政治的な一画期である。その成立過程は，共同利益のための機関，これを体現する首長層の肥大化・独自化を背景とする。これは集団間の問題として，耕地を含むテリトリーの維持・防衛，労働力の永続的な確保などが，農耕社会になり，より重要になったことを契機として想定することが可能であり，例えば，考古学的に，弥生時代における争乱状態は，すでに実証されている。ただし，これは同時に，集団内部の問題としても，検討されなければならない。

　東京都八王子市神谷原遺跡[1]では，弥生時代終末期から古墳時代前期（前野町式〜五領1式期）の竪穴住居跡が163軒検出されているが，神谷原Ⅱ期（前野町式新段階）において，一時期，湯殿川水系の集落群が集合し，拠点化する。この時期のムラは，ほぼ7単位の小住居跡群に分割することが可能であり，これらの小住居跡群は，基本的には，一時期一軒の大型住居を含む，一定の規模構成を示す。小住居跡群を構成する各住居跡は，出土土器の組成など，統計的に明確な偏差はみられず，いわば常識的な判断として，各住居は世帯に，小住居群は拡大家族に対比されるものと思われる。ただし，神谷原Ⅱ期の小住居跡群は，かならずしも均質ではなく，ムラの中央部に，大型の住居跡が集合する。

　この小住居跡群については，前稿では，他の小住居跡群と同程度の居住空間を想定し，2分割したが，これを一括し，半円形の居住区を設定することも，一つ仮説として可能であると思われる。

この場合，この小住居跡群は，半円形居住区の中心に向って，主軸方向をそろえる配置を示す。また，とくに大型住居は，規則的に，配置・建て替えされている。この小住居跡群は，40 m² 程度の大型住居を主体とし，少数の小型住居が付帯する規模構成をとり，その配置を含め，同期の他の小住居跡群，あるいは，弥生時代にみられない内容をもつ。その居住空間など，血縁関係をもとに，あるいは擬制的に，より複数の家族をとりこんだ状態が想定される。住居規模は，本来，家族規模，機能などによって規定されると思われるが，社会的格差とも無関係ではない。また，同期において鉄器が 16 点出土しているが，その 2/3 以上は，この中核的な小住居跡群より出土している。遺物の出土は，あくまでも偶然的な結果ではあるが，一つの検討材料であろう。

この小住居跡群間の格差は，例えば 6 世紀における東京都八王子市中田遺跡においてもみることができる。中田遺跡については，その変遷および小住居跡群の分割について，数多くの見解が示されているが[2]，住居規模，住居構造，出土遺物について，小住居跡群相互に，明確な格差をみることは容易である。

この小住居跡群，そこに示される単位集団間の格差は，単位集団を単位とした分割労働を要因とする。共同体的な相互扶助機能については，開田・農繁期に不可欠であり，またとくに，互酬的な婚姻に基づく労働力の永続的な確保は，大家族規模では不可能であろう。

しかし，私的占有の源泉としての分割労働を過少評価し，共同体的所有にもとづく共同労働を，理論的な前提とすることは誤りであろう。弥生時代に関して述べれば，すくなくとも関東地方では，一つの単位集団を単位とした小規模なムラが，きわめて一般的である。大規模な集落を中核とし，人口圧を契機として，小規模なムラが派生するといった見解もあるが，例えば，神谷原遺跡など湯殿川水系の集落群に示されるように，拠点的と称される大集落は，長期継続的なものではなく，一時的である。また関東地方では，拠点的集落自体が，普遍的な存在ではない。集落の存在形態は，労働編成，農業経営とすくなくとも無関係ではない。神奈川県横浜市大塚遺跡についても，環濠の機能は一時的であり，環濠に示される居住区が，恒常的なものであるかどうかは，再検討が

必要であろう。また，畿内地方においても，拠点的な集落は，庄内式期において解体することが指摘されており，弥生時代における，集・塊村化は，争乱状態に対応した存在形態である側面が強い。

また，農耕は，長期にわたる永続的な労働力の確保と投下が不可欠であるが，これは，権利に対する意識，および祖霊を媒介とした血縁意識を発展させる。弥生時代における，福井県敦賀市吉河遺跡，静岡県沼津市二本松遺跡，千葉県東金市道庭遺跡，千葉県市原市天神台遺跡など，単位集団を単位とし，整然と列をもって構築される方形周溝墓は，一つの解釈として，単位集団を単位とした農業経営と，これに基づく，血縁紐帯を媒介とした，「占有」意識を反映したものと考えることもできる。

いずれにせよ，単位集団単位の耕地の占有，労働過程における分割労働を基本的な要因とし，単位集団間に格差が進行するのである。しかし，集落において首長層が顕在化する段階においても，基本的に小住居群は解体することはなく，単に労働力として首長集団に包摂されることはない。

五領式期に併行する，静岡県焼津市小深田遺跡第 3 地点[3]では，低湿地両岸に住居跡群が検出されているが，その南岸微高地上では，東西 40 m 以上，南北約 35 m の範囲が，溝によって区画されている。その区画の内外の住居規模に，明確な相違は認められないが，区画溝を，格差の一つの表現としてとらえることは可能であろう。しかし，小深田遺跡では，第 3 地点区画溝の内外，あるいは同時期と考えられる別地点においても，倉庫と考えられる掘立柱建物跡が検出されている。調査範囲内においては，区画溝内に，より多くの掘立柱建物跡がみられ，この点に格差を認めうる可能性もある。しかし，単位集団を単位とした農業経営において，すくなくとも必要生産物を，直接に管理・収得する関係は明らかである。

関東地方では，鬼高式期以降（ほぼ 5 世紀後葉以降），長期継続的な大集落が増加する傾向がみられる。千葉県市川市域では，弥生時代後期から古墳時代中期和泉式期まで，3 単位の分散的な集落群がみられるが，6 世紀以降，須和田遺跡と，三中校庭遺跡，曽谷 1 丁目 248 番地所在遺跡などの曽谷台西南部域に集合化する[4]。農業経営においては，栽培の集団化，協業規模の拡大が，生産力

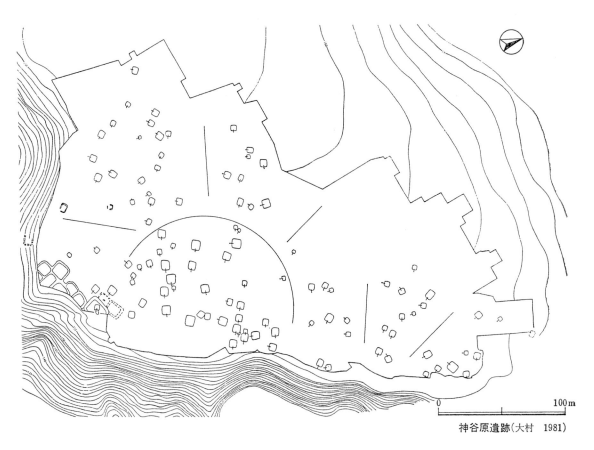

神谷原遺跡(大村 1981)

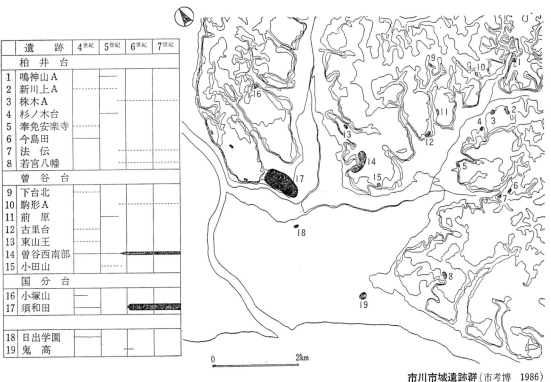

市川市域遺跡群(市考博 1986)

関東地方の弥生・古墳時代集落跡

を規定する要素であり，この段階以降，水利施設などの拡充に伴う，共同労働の比重の増大を想定し得る可能性もある。これを，各集落跡に即して実証することは困難であるが，古墳時代における基本的な方向性としてとらえることは可能である。この集落の集合化に対する解釈が妥当であるならば，単位集団の相対的な自立性に対する規制は強化され，首長への経済的な従属を深めていくこととなろう。しかし，弥生時代以降，単位集団を単位とした個別経営が，一貫した基本的な経営形態であることは明確であろう。須和田遺跡については，調査範囲も限られており，未整理の段階で，集落構成を明らかにすることはできないが，同様に鬼高式期以降，継続的に営まれる中田遺跡では，前述したように，小住居跡群の分立は明確であり，また 8〜9 世紀に比定される，千葉県東金市山田水呑遺跡においても，住居規模，住居構造など，明確な格差は認められるものの，各期において複数の小住居跡群が抽出されており，また，各群が倉庫を備えている可能性がある[5]。

弥生時代，古墳時代の集落研究は，学史的に，「郷戸」を投影し，これを指針としてきた。しかし，郷戸擬制説の立場から，父系合同家族を，存在の余地のないものとする見解も示されている[6]。関東地方では，とくに 8 世紀以降，住居の小型化とともに，住居群の分散化が指摘される場合もある。大家族全員が居住するような大型の住居をつくることもなく，連綿とほぼ同じ規模の竪穴住居をつくり続けてきた個々の単位と，その社会的位置についても，今後検討していく必要があろう。

2 首長と首長層

弥生時代以降，分割労働を契機とした，単位集団間の格差が進行し，これは結果として集落構成においても表現されるが，その次段階には，群馬県群馬町三ッ寺 I 遺跡[7]など，首長層が一般集落から離脱する形態をとる。これは，中田遺跡などにみられる，単位集団間の格差とは，階層において明らかにことなり，地域的な首長層の居宅としてとらえられる。その内部は，三ッ寺 I 遺跡では，中核的な大型の掘立柱建物跡が確認されており，また，家形埴輪においても，主屋，後屋，脇屋，霊屋，倉庫の構成が指摘されている[8]。家形埴輪については，はたして実態を示すものであるかどうかなど，検討が必要ではあるが，首長層の居宅内部における構成も，首長個人を中核とし，しだいに整備されてくる過程が想定される。国家成立前，古墳時代の地域的な首長層が，相対的に自立した公権力を行使していた可能性は強く，政治の場としての機能を明確化していった過程も想定される。

しかし，例えば神谷原遺跡では，上屋構造は明確ではないものの，首長個人の存在を集落から識別することはできない。神谷原遺跡における中核的小住居跡群は，ほぼ一定の大型住居を主体とし，逆に，弥生時代の小住居跡群に，通常一軒，絶対的な規模をもって普遍的にみられた大型住居は，小住居群間の格差が明確になる弥生時代終末期を境に姿を消す。このように，集落構成においては，首長個人が顕在化することに先行し，特定の単位集団が明確化するのであり，これは，あるいは，前方後円墳に先行する墳丘墓が，集団墓として出現することと対応する可能性がある。

首長が，古墳時代において，いまだ収奪者としてではなく，共同体的な機能を体現する存在であったかどうかは別として，すでに，単位集団間の私的利害の対立を内包し，特定の単位集団，特定の系譜の顕在化を前提として表舞台に登場することは明らかであろう。

註
1) 大村　直「神谷原集落の分析」神谷原 I，八王子市教育委員会，1981
　　大村　直「弥生時代におけるムラとその基本的経営」史館，15，1983
2) 服部敬史「関東地方における古墳時代後期の集落構成」考古学研究，25—1，1978
　　都出比呂志「環濠集落の成立と解体」考古学研究，29—4，1983
3) 焼津市教育委員会『焼津市埋蔵文化財発掘調査概報 II』1982
4) 市立市川考古博物館『展示解説』1986
5) 鬼頭清明『古代の村』古代日本を発掘する，6，岩波書店，1985
6) 関口裕子「古代家族と婚姻形態」講座日本歴史，2，東京大学出版会，1984
7) 下城　正ほか「群馬県三ッ寺 I 遺跡調査概要」考古学雑誌，67—4，1982
8) 小笠原好彦「家形埴輪の配置と古墳時代豪族の居館」考古学研究，31—4，1985

豪族居館が語るもの

滋賀大学教授
小笠原好彦
(おがさわら・よしひこ)

豪族居館はその構造と建物配置，祭祀遺構の存在，建替の問題など，首長権の掌握と首長の死にかかわる問題を包含している

古墳時代の有力首長である豪族は，どのような規模と構造の居館を構えていたのか。

古墳時代豪族が平地住居に居住していたことは，奈良県佐味田宝塚古墳の家屋文鏡の絵画に平地住居と楼閣で縁をつけた建物があることや家形埴輪の形態から推測されてきた。1933年(昭和8)，後藤守一氏が群馬県赤堀茶臼山古墳出土の家形埴輪を復原し，これを豪族の屋敷と理解したのは，一つの到達点であった[1]。しかしこのような豪族居館は平地に構築されたので，遺構として残るのは期待しがたいとみる見解も少なくなかった。だが，掘立柱建物集落の調査の進展にともない，1980年以降，ようやく古墳時代の居館遺構があいつぐ状況になった。現状ではこれらの居館遺構は関東北部と近畿から地域を隔てて見つかっている。ここでは家形埴輪に表現された豪族居館の内容をも含めて，豪族居館の性格をさぐってみることにしたい。

1 豪族居館と外郭施設

現在見つかっている居館は，居館宅地を区画した外郭施設からみると，つぎの四つに分かれる。

A類は外郭に幅広い濠と柵あるいは土塁がめぐるものである。群馬県三ツ寺I遺跡と原之城遺跡がこの例である。

三ツ寺I遺跡は，居館検出のさきがけとなったもので，居館宅地は一辺約86mの方形に幅30〜40mの濠がめぐる6世紀前半の居館である。宅地西辺の北端部と中央部，南辺東寄りに台形状の張り出し部がある。濠の居館側壁面に古墳の葺石状に石垣を積む。宅地は周囲に三重の柵をめぐらし，内部は柵と溝で南北に二分する。北半は堅穴住居，南半に掘立柱建物がある。南半部の中心建物は桁行3間(10m)，梁行3間(8m)の上屋の四周に下屋をつけた大型の主屋で，さらに建物は南西隅付近に4棟がある。ほかに主屋の西と東に滑石製模造品などの祭祀遺物がともなった石敷遺構，南に井戸などがある[2]。

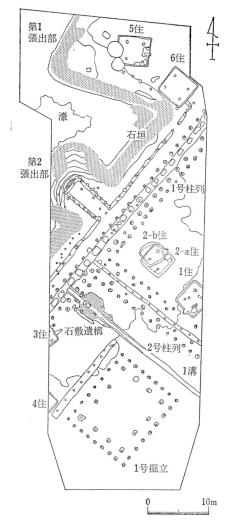

図1 群馬県三ツ寺I遺跡

原之城遺跡は幅18m規模の濠(大溝)が南北170m，東西110mの長方形にめぐる居館である。濠の内外に濠の掘削土を積んだ幅10mの土塁がある。北辺中央には突出部があり，これは西辺にも存在したようである。居館の宅地は西北部の屈曲した溝によって内，外に区分され，内区は顕著な建物はみられず，外区にのみ掘立柱建物3棟がある。ほかに土塁東北隅に夥しい量の粗製小型土

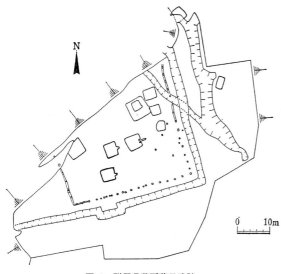

図2 群馬県荒砥荒子遺跡

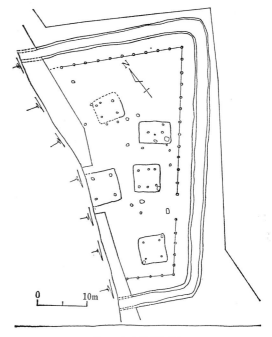

図3 栃木県成沢遺跡

器，土師器，石製模造品などが出土した祭祀遺構がある。時期は6世紀後半。

B類は居館の周囲に幅5m以下のせまい溝と柵あるいは土塁がめぐるものである。群馬県郷戸遺跡，荒砥荒子遺跡，栃木県成沢遺跡がこの例としてあげられる。

郷戸遺跡は幅4mの溝が東西100m，南北50m以上めぐる居館である。溝は居館宅地側にのみ石垣積みし，溝の内側に土塁が想定される。東側に土橋がある。6世紀中頃に想定される。

荒砥荒子遺跡は幅2mの溝が東西55m，南北40m以上にわたって区画し，南側中央部に突出部がある。宅地の東半部には柵による区画がある。柵内部には竪穴住居10棟があり，大型住居2棟を含む。5世紀後半の時期のものである[3]。

成沢遺跡は幅3mの溝が東西35m以上，南北56mにわたって区画する。居館宅地には溝に沿って柵がめぐり，東側に門がある。柵の区画内には中央部付近に大型の竪穴住居1棟とほかに4棟の竪穴住居がある。5世紀後半の時期[4]。

C類は外部に柵のみがめぐるものである。大阪府伽山遺跡，兵庫県松野遺跡がこの例である。

伽山遺跡は東西幅33mの柵があり，北は道路状遺構が区切る。建物は大型建物を含む掘立柱建物8棟がある。大型建物は西を除く三面に庇をつける。建物は方向によって二時期に区分され，それぞれ庇付大型建物を中心に配置される。6世紀後半。

松野遺跡は柵による方形区画が3ヵ所重複する。南に大区画50m×40mが小区画40m×30mを含む形状を示す。北にさらに1区画ある。南区画には棟持柱をもつ建物を含む総柱建物3棟があり，北区画も総柱3棟がある。各区画とも主屋とみなしうる建物を欠く。6世紀後半。

D類は居館宅地の一部のみを溝で区画したものである。大阪府大園遺跡の5世紀の建物群の一画にこの例がある。幅1mほどの溝が東西に走り，5棟の掘立柱建物群を区別する。南側の井戸をふくむと東南50m，南北30m規模の居館宅地が推測できる。

以上の4類に分けて居館遺構を記したが，居館宅地の形状は方形と長方形がある。長方形は原之城遺跡だけなので，方形が一般的である。居館宅地の面積5,000m²以上を大型，2,000m²以下を小型，その中間を中型とすると，大型はA類の三ツ寺I遺跡，原之城遺跡，B類の郷戸遺跡，中型

豪族居館の規模と外郭施設

遺　　跡	規　模　(m) 東西長	規　模　(m) 南北長	時　　期	外郭施設	祭祀遺構
三ツ寺I遺跡	86	80	6C前半	濠・柵	○
原之城遺跡	110	170	6C後半	濠・土塁	○
郷戸遺跡	100	50以上	6C中頃	溝・柵	
荒砥荒子遺跡	55	40	5C後半	溝・柵	
成沢遺跡	35以上	56	5C後半	溝・柵	
伽山遺跡	33	50?	6C後半	柵	
松野遺跡	50	40	6C前半	柵	
大園遺跡	50?	30?	5C後半	柵	

は荒砥荒子遺跡，成沢遺跡，松野遺跡の大区画，ほかは小型に含まれる。大型の三ツ寺I遺跡は部族首長クラスの居館に想定され，近くの保渡田愛宕塚，八幡塚，薬師塚との関連が注目される。郷戸遺跡も太子堂塚古墳，動山稲荷古墳が近在し，これらの古墳とのつながりが想定される。

問題は中型の荒砥荒子遺跡，成沢遺跡を大型と同じクラスの首長居館とみなしうるかである。これらは狭い溝によって区画され，しかも竪穴住居のみが検出されており，大型としたものとの間に差がある。しかし両遺跡とも5世紀後半の時期を考慮する必要があるので，やはり部族首長クラスの居館の一形態とみてよいであろう。小型の近畿の大園遺跡と伽山遺跡は居館宅地規模と外郭施設からみて，氏族首長クラスの居館であろう。この二つの居館は共同体成員の建物群と溝で一画のみを切って区別した5世紀の大園遺跡タイプから，6世紀には柵による明瞭な区画施設をもつ伽山遺跡タイプに氏族首長クラスの居館が隔絶性を強めたものとみることができよう。近畿では，まだ大型，中型の居館宅地の明らかな例を欠く。松野遺跡は後述するように，居館そのものとみるには問題がある。ほかに奈良県脇本遺跡は外郭施設が明らかでないが，計画性をもった南北に並ぶ大型掘立柱建物2棟などが検出されており，5世紀の大型居館の例となる可能性が高い[5]。

2 豪族居館の構造と性格

弥生時代には集落全体を区画した環濠集落はあるが，特定の有力家族の住居を溝，柵などで区画した宅地の出現はみない。古墳時代の豪族居館は，遺構によって確認される最初の宅地である。この宅地出現は首長による土地私有の開始であり，また共同体成員との居住地の隔絶を示す。このような居館が各地で出現したことは一般集落構造にも影響を与えたことが想定される。このように首長の居館が分離した背景には，首長による氏族や部族内の秩序，統制，氏族や部族間の利害にかかわる政治的職務が増加したことがあげられる。またあわせて，氏族，部族が必要とした消費財の確保など経済的職務の拡大によって首長権が強大化し，専用の一定住空間を構えるに至ったことが推測される。

居館の構造は，三ツ寺I遺跡で最もよく内容が知られる。この居館は柵と溝とで二分されてお

り，竪穴住居のみがある北半は生産工房や首長の隷属者の居住地，掘立柱建物が建つ南半は首長の居住地に推測される[6]。首長居住地は，大型の主屋を中心とし，ほかに西と南に建物4棟がある。この配置は同一方向で整然とした配置をとる。しかし左右対称ではない。原之城遺跡も内外二区分する。内区は外区に比べて狭く，掘立柱建物は外区のみで検出される。祭祀遺構もこの外区だけにあるので，中心は南側を占めた外区にあったとみてよい。祭祀遺構は三ツ寺I遺跡でも，主屋の西と東に石敷遺構がある。

居館の構造と建物配置を考えるには，家形埴輪の配置が参考になる。これは群馬県赤堀茶臼山古墳の埴輪による後藤守一氏の復原があるが，藤沢一夫氏による修正案がだされた。その可否については，さきに検討したことがある[7]。その結果によると，家形埴輪は主屋，後屋，脇屋，切妻造倉庫，四注造倉庫，霊屋（後藤氏は納屋と呼ぶ）の6種類の建物からなる。これらは前方に主屋，後屋，脇屋で対称に政治的空間を構成する。その後方は倉庫群を対称に配して経済的空間を構成し，あわせて氏族の祖霊をまつった霊屋が置かれたと理解する。ほかに家形埴輪には門と柵を表現した囲形埴輪がともなう。このような家形埴輪からみると，居館の遺構はどう理解されるか。

居館には濠，溝，柵による外郭施設が特徴としてあげられることは前節で記した。これらのうち柵は濠や溝の外郭施設をもちながらも，大型，中型規模の居館に併設される。柵を表現した囲形埴輪では鋸歯状の防御施設の表現がある。これは外郭施設が居館宅地を他の共同体成員と区別する区画施設としてはじまり，のちに防御施設の性格が強化されたものとみられる。大型，中型の居館にみる柵は，卑弥呼の宮室に設けられた城柵と共通した性格のものであろう。三ツ寺I遺跡の柵は，布掘り状に一段掘り，さらに柱穴を掘削したのも，柱を深くすえて堅固な柵とする意図を示す工法であったとみてよい。

三ツ寺I遺跡の主屋は，大型でしかも西側に目隠し塀とみられる付属施設がある。これは首長がこの主屋を中心に首長権にかかわる政治的職務，裁判などを執行するのにふさわしい空間構成をもつ。しかしこれらの建物は家形埴輪のように主屋を中心とした対称配置をとっていない。この建物配置は，大園遺跡や伽山遺跡でも，庇付建物，付

属建物，倉庫から構成されるが，それらはL字型に近く，非対称である。畿内でも氏族首長クラスの居館には，対称配置がとられていないことになる。この対称配置は，家形埴輪でみる限り，5世紀には各地の首長層にとって周知のものであったとみてよい。とすると畿内の大王や大部族首長クラスの限られた首長によって採用された配置であろうか。奈良県脇本遺跡の2棟の大型建物は，計画性の高い配置がみられ，この想定を支持するようにみえる。

　政治的空間の中心をなした主屋は，家屋文鏡や大阪府美園遺跡などの家形埴輪からみると，平屋のほか楼閣もあったことがわかる。奈良県布留遺跡で知られる桁行5間，梁行5間の大型総柱建物は，その可能性のある遺構である。竪穴住居のみ検出された荒砥荒子遺跡，成沢遺跡の居館の場合はどうか。二つの遺跡とも中心部付近に大型住居があり，これが主屋に該当するものであろう。家屋文鏡では入口に蓋をさしかけた竪穴住居の絵がある。この蓋は楼閣建物の縁にもさしかけている。蓋を描いた二つの建物が共通性をもつとすると，この竪穴住居も4，5世紀に地方にあった豪族居館の主屋の一形態を表現したものではないか。宮崎県西都原古墳には，竪穴住居の四面に平地住居を付加した家形埴輪がある。これも竪穴住居を主屋として表現した例の一つであろう。こうみると東国の6世紀段階の豪族居館は新様式の掘立柱建物を多く採用しているが，5世紀段階まではなお採用する条件を充しえなかったか，あるいは伝統的な様式の竪穴住居に固執したかのいずれかであろう。

　倉庫は家形埴輪では切妻造と四注造の二つがある。前者は弥生時代以来の絵画にみる穀物倉，後者はのちに加った形態の倉庫で器財庫や兵庫の性格の倉庫であろう。居館の倉庫は大園遺跡，伽山遺跡のように主屋や他の建物と一体に建てられたもののほか，松野遺跡のように倉庫群を構成したものもある。松野遺跡は主屋とみてよい建物を欠くので，この遺跡は部族首長クラスの居館に付属した倉庫群であろう。同じ倉庫群でも和歌山県鳴滝遺跡は大型倉庫を企画性をもって配置しており，氏族，部族首長クラスの倉庫群の規模を越えた性格をもつ。これは倉庫の規格だけでなく，方形状に規格的に整然と掘削した柱穴の大きさと形状にも，大和政権にかかわった倉庫群の性格がうかがえる。

　つぎに三ツ寺Ⅰ遺跡では，首長居住区に2ヵ所の祭祀遺構がある。原之城遺跡でも外区東北隅と東側の2ヵ所に祭祀遺構がある。両遺跡とも共通して滑石製模造品が出土しているが，原之城遺跡では多量の祭祀用の土師器も出土している。これらは首長の職務として祭祀がきわめて重要であったことをうかがわせる。祭祀にかかわった家形埴輪には，霊屋と推測される小型埴輪がある。これは氏族の祖霊をまつったと推測する。古代朝鮮では宗族の祖先のみたまやを作り，これをまつる宗廟制があった。この制度は日本の神祇令には公的な祭祀としてとりいれられていないという[8]。しかし氏族は始祖の系譜をもとになりたっており，始祖の霊威が再生するという理念をもっていた[9]ことからすると，居館のなかに始祖の霊とかかわる建物があったとみることも無理な推測でない。

3　おわりに

　三ツ寺Ⅰ遺跡の主屋は建替がない。伽山遺跡，原之城遺跡の掘立柱建物は2時期のものがある。荒砥荒子遺跡，成沢遺跡の竪穴住居も2時期からなるとみられるが，柵の建替えはみない。これらは長くみても2時期程度のごく限られた時間に首長が居館として居住したことを反映する。三ツ寺Ⅰ遺跡，郷戸遺跡付近には近接して複数の前方後円墳があるので，居館に移動があったことをうかがわせる。この場合，居館の造営の契機と廃絶の理由が問題になる。もしこれが首長権の掌握と首長の死にかかわりをもつとすると，首長墳との対応を考えるうえで重視すべきことになろう。

　註
1)　帝室博物館「上野国佐波郡赤堀村今井茶臼山古墳」帝室博物館報告，6，1933
2)　下城　正・女屋和志雄「古墳時代豪族の居館跡―群馬県三ツ寺Ⅰ遺跡―」月刊文化財，242，1983
3)　群馬県埋蔵文化財調査事業団『荒砥荒子遺跡見学会資料』1983
4)　栃木県文化振興事業団『成沢遺跡発掘調査概要』1985
5)　磯城・磐余諸宮調査会『桜井市脇本遺跡第3次発掘調査現地説明会資料』1986
6)　山中敏史「律令国家の成立」『岩波講座日本の考古学』所収，1985
7)　小笠原好彦「家形埴輪の配置と古墳時代豪族の居館」考古学研究，31―4，1985
8)　井上光貞『日本古代の王権と祭祀』1984
9)　吉田　孝「祖名について」奈良平安時代史論集，上巻，1984

開発の諸段階と集団関係

大阪府教育委員会
広瀬和雄
（ひろせ・かずお）

7世紀の沖積平野と段丘の統一的・計画的大開発は，「部族」関係
が止揚され，より高度な政治的結合が成立していたことを物語る

　古墳時代の耕地の開発はいかなる技術段階にあったのか。また，それはどのような集団関係を生み出していったのか。この二つの問題を異なる地形，すなわち沖積平野と段丘地形とに区別して検討を加えてみたい。一般的に言って，沖積平野は河川との比高が小さいため水がかりがよく，土地は柔軟である。いっぽう，段丘地形は河川との比高は大きいし，地層も硬く，灌漑をめぐる条件は沖積平野に比べるとすこぶる悪い。したがって，一定の技術水準に達するまでは両者は別個に開発されていた。なお本稿では畿内を主たる対象地域としたため水田が中心となった。畠作については資料的制約もあって，将来的な課題としている[1]。

1　古墳時代の灌漑技術

（1）　堰による灌漑

　河川に堰を設けて水位を上昇させ溝で導水する。当然のことであるが，河川に設置される堰と，導水路（分水路）としての溝における堰とは規模が異なる。また，小河川にあっては溝を経由せずに，直接水田に水を供給する場合も顕著であった。二，三の例を見ておこう。
　愛媛県古照遺跡では石手川の分流に構築された全長23.8mにもおよぶ4世紀後半の合掌型の堰が検出されている[2]。富山県南太閤山Ⅰ遺跡では，古墳時代中期の堰が自然流路の屈曲部に設けられている[3]。福岡県三筑遺跡では幅5～6m，深さ1～1.4mの諸岡川の分流に，40mと80mの間隔をおいて3カ所に直立型の堰が造られており，堰から直接水田に水が引かれる（図1）。5世紀代のことである[4]。

（2）　自然河川相互を結ぶ人工流路

　奈良県纒向遺跡と大阪府東奈良遺跡で，弥生時代末から古墳時代初頭にかけての自然河川相互を結ぶ人工の大流路が検出されている[5]。後者は幅10m，深さ3mもの規模をもち，おそらく，この流路から幾条もの溝が派生し，自然河川の灌漑範囲からはずれた空間を潤したものと思われる。

（3）　自然河川の人工河川への転換

　大阪府亀井遺跡では5世紀末～6世紀初頭の時期に，幅7～8m，深さ1m強の小河川を，堤防で完全に堰き止めて流路を変え，堤防より下流を人工河川としている[6]。杭，矢板，横木，粘土などで構築された堰のより発達した形態ということができる。

（4）　長大な人工流路の建設

　大阪府古市大溝は段丘，扇状地，氾濫原，開析谷など実に多様な地形を貫流している。幅10m，深さ4mをそれぞれ前後する規模をもち，10kmの長きにおよぶ[7]。同・旧東除川は自然河川を地形のより高い側へ付け替えており[8]，両者がもし連続するならば，石川と旧平野川という大河川相

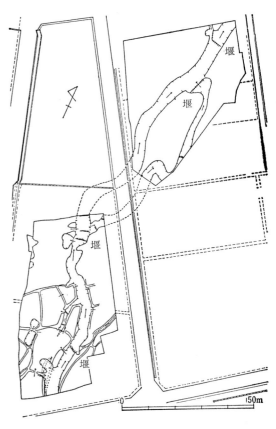

図1　三筑遺跡の灌漑系統（註4文献より，一部加筆）

互を結び，延長距離約 15km にも達する大灌漑水路となる。ともに7世紀初め頃の所産になる。

（5） 溜池による灌漑

水を溜める堤防とそれをコントロールする樋門とを備えた溜池は，7世紀に存在したとの傍証はあるものの，明確な検出例はない。大阪府鶴田池東遺跡では高位段丘の開析谷で，直径 35cm，現存長 4.1m の木樋が約3度の傾斜で設置されており，その高い側に樋門の軸受け（直径 10cm の穴をあけた長さ 50cm の板材）が検出された。これらの上部には堤防の痕跡があり，幅約 30m の谷頭部を溜池としていたようである。溜池埋土には7，8世紀代の遺物が多量に含まれていた[9]。谷口部の前面に拡がる沖積段丘を開発するためのものであろう。

2　沖積平野の開発

（1）　沖積平野の地形環境

河内平野を例にとって沖積平野の開発状況を検討してみたい。現地表面の地形分類では扇状地性低地，三角洲性低地，自然堤防からなる沖積平野[10]は，必ずしもフラットな地形を呈していたわけではない。大和川は石川と合流したのち，河内平野に流れ込むが，ここで幾条かの分流をなし，いたるところに土砂を堆積させた。しかし，その堆積の状態は決して一様ではなく，河川の自然堤防とそのバックマーシュが，1m 内外の比高をもって凹凸のある地形を形造っていた。

こうした状況は弥生時代に遡るほど顕著であった。古墳時代になると河内平野の北半部における土砂の堆積量は少なくなってくるものの，なお微高地と低地という地形の凹凸は歴然としていた。一例を挙げておく。若江北・山賀・友井東の各遺跡は南北約2km にわたって続いているが，古墳時代後期の遺構面のレベル関係をみると，それぞれの標高は若江北遺跡 3.7～4.3m，山賀遺跡その1地区 2.0～2.6m，山賀遺跡その2地区 2.7～3.2m，山賀遺跡その3地区 3.2m 前後，山賀遺跡その4地区 3.5～3.6m，友井東遺跡 3.7～3.9m を測り，最も高い地点と低い地点では 2m 以上の比高がある[11]。相対的に高いところは低いところに比べると水がかりが困難なことが推測され，逆に低い地点は排水状況が悪かったかもしれない。上記した事実は，なべて平坦でかつ湿地的状況を呈していた，とイメージされがちであった沖積地の真の実情を示すものである。

また，湿地には湿田が展開していたという先験的な意見にも，沖積地から堰がごく一般的に検出されることから反論を加えることが可能になった。すなわち沖積地といえども，灌漑水田の方が一般的であって，いわゆる湿田はむしろ少なかったのではあるまいか，といった問いかけが成立するような事態になってきている。

（2）　古墳時代の灌漑技術の構造的制約

古墳時代の堰は，河床から上部の高さが 1m を大きく超えることがなく，したがって深さが 2m 位になるとその河川はもう利用できない。つまり，いくら流量の豊かな河川が近くを流れていても，堰の構造からくる限界が利用できる河川を決定づける。

いっぽう相対的に高い地形には，自然河川に設けた堰だけでは灌漑できず，河川相互を結ぶ流路から溝をひいたり，あるいは自然河川の流路変更をおこなったりして，灌水を供給したものと思われる。そうした灌漑技術は弥生時代より一歩進んだものであり，地形的条件を克服し，耕地を拡大していく一つのステップとなるものであった。

上述してきたように，古墳時代の堰はその構造的制約から，深さが 2m を超える河川や流量がすこぶる多く，かつ流速の速い河川などには機能しなかった。したがって，幅 100m に近い大河川も概ね利用できなかった。また，河川相互を結ぶ人工流路もあまり地形の凹凸が激しければ，それを横切ることは不可能になるし，自然河川の人工流路への転換にしても大きな河川は制御し得なかった。

（3）　灌漑技術と集団関係

このように見てくると，古墳時代の沖積平野の開発は，大河川の分流もしくは中小河川を軸とした樹枝状の灌漑体系によったということができる。次にそうした灌漑体系が，どのような集団関係を形成していったかということに論及してみたい。

第一に，水利をめぐっての直接的な利害関係は，中小河川を媒介とした集団相互の間に醸成される。人口増加に伴う食糧獲得という課題は，同一河川の周辺を耕地として開発していくことで解消されていったが，灌水の配分という観点からすれば，上流側が優位なのはいうまでもなく，水田経営は下流側に比べより安定的であったことが想

定される。一つの中小河川の灌水供給が不十分になってくると，新たな耕地開発が別の中小河川を求めるという形でおこなわれた。この場合，分岐した集団は旧来の集団（母集団と呼ぶ）から相対的に独立した水田経営をおこなうことになる。つまり，集団拡大に深く関連する新規の耕地開発は新たな集団関係を形成していく契機となる。

しかし，分化していった集団が母集団と全く無関係で独立したかというと決してそうではない。耕地の造成と灌漑水路の建設への労働力の提供をはじめ，鉄・塩といった非自給物資の配給，婚姻関係を中心とした集団そのものの再生産などにあたっては，母集団との間に血縁関係を外枠とした「部族」的結合が強くはたらいたものと思われる。すなわち，用水源としての中小河川を基軸とした直接的利害関係をもった集団的結合と，そういった集団相互がとり結ぶ「部族」的結合が重層していた。それも，それぞれの集団関係が母集団を頂点とした階層関係を内包しつつ重層していたのである。

第二に，大河川は集団の結合を阻害したから，前述の「部族」的結合は一応は大河川を地理的境界としていたことが想定される。しかし母集団からの分立が，大河川を超えた地域に生じた場合もあったことであろう。また，大河川をはさんだ「部族」相互の結合も起こり得たが，それは各々の「部族」の内側にまで関与するような強いものではなかったと想像される。

第三に，自然条件が集団関係に強い影響を及ぼしている。沖積平野においては河川の氾濫による水田の冠水が最も大敵であった。たとえば，大阪府友井東遺跡では概ね1枚が40〜55m²位の方形を呈する水田が30枚以上整然と続いていたが，6世紀後半もしくは7世紀初頭に黄色砂で埋没している。ちなみに，この水田地帯の北限にあたるところに幅13m強，深さ1m前後の河川が流れている[12]。

いっぽう，灌漑用水源としての河川は，古墳時代以前にあっては同一流路がそれほど長期に続かない。たとえば大阪府亀井遺跡では，幅約17m，深さ2.9mの弥生時代後期後半の河川が古墳時代初頭には埋積しているし，深さ2.5mの河川は6世紀初頭から中葉までしか水が流れていない[13]。堰が設置可能となるのは，こうした河川の埋積過程においてか，あるいは元来もっと浅い河川であ

るが，後者においても流路の固定はさほど長くはなかった。既存の河川が埋没すれば，その時点で別の水源を探して新たな堰を設け，溝を掘削しなければならず，既存の灌漑体系が再編されざるを得ない。

このように洪水による水田の破壊と，用水源としての河川の流路移動は，いままで投下された労働をなかば無にするものであったし，それまで続いてきた集団関係に再編をせまる場合もあったことと思われる。

3 段丘地形の開発

（1） 段丘と開析谷

段丘地形と一口にいっても，概ねその形成過程により低位面，中位面，高位面に区別され，後二者には開析谷が深く刻まれているのを常とする。いっぽう，低位段丘あるいは段丘化した扇状地などは現在は平坦に見えるものの，遺跡の発掘調査の進展につれ，埋積された浅谷のあることが判明してきた（図2）。こうした埋積谷の谷底には湧水

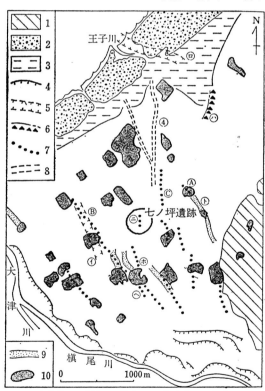

1：中位段丘，台地，丘陵地 2：砂礫堆 3：後背低地 4：新しい侵食崖 5：埋積谷A 6：埋積谷B 7：埋積谷C 8：自然堤防 9：凹地，土地割混乱地 10：溜池

図2 泉州北部の地形環境の復原図（日下雅義『歴史時代の地形環境』より，一部加筆）

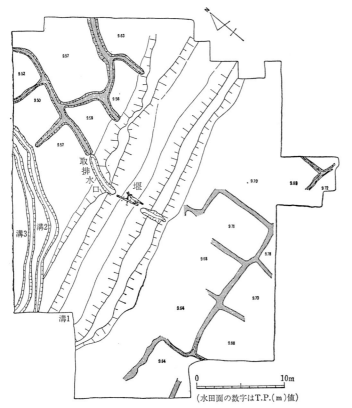

図3 七ノ坪遺跡の灌漑水路と水田（註14文献より，一部加筆）

があって細流が流れ，堆積土は段丘面の土壌に比べると湿潤で肥沃であった。したがって，早くから水田が営なまれてきた。

大阪府七ノ坪遺跡からは，段丘化した扇状地に刻まれた埋積谷に古墳時代前期の水田と溝が検出された。溝は深さ1m前後で埋積谷の方向とは斜交することから，人工の灌漑水路であることが歴然としているが，そこに堰と取排水口（溝）が設けられ，両側の水田へ水を供給する。水田1枚の広さは，遺存状態のよいもので約37m²を測る[14]（図3）。東側には谷に面して竪穴住居からなる集落が展開している。大阪府大園遺跡では6世紀後半の水田と掘立柱建物からなる集落が，同様の関係で検出されている[15]。また，中位段丘に立地する大阪府万崎池遺跡では開析谷に三方を囲まれた段丘縁辺に，古墳時代中期前葉の小集落が見つかっている[16]。

上記した二，三の例からもわかるとおり，段丘の開析谷が水田として普遍的に開発されていたことは，段丘上に立地する弥生・古墳時代の集落遺跡が，開析谷の周辺にまとまって分布していることからも傍証される。ただすべての開析谷が可耕地になりうるかどうかは一概に言えないのであって，谷が一定程度埋積し，谷底が平坦面を呈するようになった段階のものが開田されたことであろう。

（2）段丘面の開発

段丘地形は沖積平野に比較すると，河川からの比高が大きく，高燥で水はけがよいかわりに灌漑用水の配給に困難が伴う。したがって，旧和泉国や河内国の広大な段丘面を開発するためには，より上位の段丘に刻まれた開析谷に溜池を造るか，もしくは河川のかなり上流から用水路で水をひいてくるしか方法がない。

さて，段丘面には水田が遺構として残りにくいため，本格的に耕地として開発されたのがいつであるか断定しにくい。しかしながら，畿内の段丘面には多くの場合，沖積平野と同じく条里地割が現在にまで残されている。この条里地割は数世紀に及ぶ開発の累積であり，一時期に形成されたものでないことを述べたことがあるが，それはともかく，その初現が8世紀にまで遡ることは確実と言える[17]。すなわち，全面ではないにせよ，段丘面が8世紀には耕地化されていたことはまちがいない。

大阪府大園遺跡では，6世紀後半に段丘上に立地していた8カ所の集落が，7世紀になると全部どこかへ移動してしまっている。この現象は，その背景にかなり強力な他律的要因の存在を考えないと解釈がつかない。この周辺には広汎にわたって条里地割が展開していることからすると，集落の一斉の移動は，段丘面そのものの耕地化に起因するのではないかと想定される[18]。

段丘面の開発を物語る溜池については，前稿で7世紀初め頃を考えておいた。7世紀に遡る溜池そのものの検出例はまだないが，開析谷の埋積状況を一つの傍証として提出しておきたい。

大阪府観音寺遺跡では，高位段丘の開析谷の埋積情況が明らかになっている。谷そのものは北から南へ2kmほどのびる開析谷（主谷）の支谷とも言うべきもので，またその谷頭部に調査区が位置するため，谷底まではあまり深くはなかった。まず，谷底の地山直上からは7世紀前葉の土器と

蛸壺がまとまって出土した。その上部の第2層は厚さ30cmで，7世紀前葉の土器を含む。第3層は30〜40cmの層の厚さをもち，付近の信太寺跡の古代屋瓦や8世紀の土器を包含する。その上層には10世紀後葉〜末葉の土器を含む土層が約10cm，最上層には人為的な盛土（耕土）が40cmおかれている。以上の事実から次の三つのことがわかる。

①7世紀前葉以前には土砂はほとんど堆積していない。

②7世紀前葉以降，10世紀後葉までの間に70〜80cmもの土砂が堆積している。

③11世紀以降，土砂の自然堆積は認められない[19]。

そもそも土砂がある地点に堆積するということは，第一にまず供給される土砂が存在すること，第二に土砂の運搬が停止すること，第三に土砂の供給が運搬力を超えることなどを原因とする。この地域は5世紀代に陶邑窯跡群の大野池支群に近接しており，おそらく須恵器焼成のために樹木が伐採され，原植生の破壊によって生じる土砂の流失もかなりあったと思われる。しかし，谷へ流れ込んだ土砂は，谷頭部には堆積せずに下方へ流出していった。高位段丘の開析谷は谷底の傾斜が強く，よほどのことがない限り土砂は滞留しないが，現実には7世紀前葉以降，支谷の谷頭部にまで堆積を見せる。この原因としては，主谷のどこかで土砂の流失を堰き止める自然的，あるいは人為的な要因を考えねばならないが，溜池が造られたことがその原因ではなかろうか。そののち，支谷は大半が埋積し，11世紀以降は平坦面を形成し，いつかの時点に水田が造成されている。

（3）7世紀の大開発

7世紀には上述した溜池のほか，古市大溝の建設，旧東除川の付け替えといった大土木工事が実施された。10kmあるいは15kmといった長大な灌漑水路は，段丘面だけでなく，沖積平野をも統一的に開発していった。堅固な段丘礫層を一定のレベル関係を維持しつつ掘削していく技術の高さと，膨大な労働量は前代の比ではない。また，ここから用水を供給される広大な水田地帯は，一個の直接的な利害集団として醸成されていく。

（4）段丘地形の開発

上述してきたことから，段丘地形の開発を想定すると次のようになる。4〜6世紀は，段丘に刻まれた開析谷（埋積浅谷）の谷底が水田化されていく。集落は浅谷に面した段丘縁辺に営なまれ，その周辺の段丘面が畠として開かれていったと思われる。それとともに段丘に生育していた樹木も，燃料をはじめ生産・生活用具のために伐採されていったことであろう。以上から景観を推測すると，開析谷のあちこちに水田が営なまれ，その周囲には集落と畠のブロックがあり，ブロック相互の間は原野もしくは森林が介在している，というふうになろうか。

ここで想定される直接的な利害に基づく集団関係は，開析谷を媒介とするもので，開析谷相互には水利を軸とした利害関係は生じない。沖積平野における中小河川が，段丘地形の開析谷と同じ役割を担うわけである。開析谷を単位とした集団相互の関係，あるいは集団分岐のプロセスもまた沖積平野のそれに準ずる。

こうした集団結合のあり方は，7世紀初めの大人工流路の建設を契機として大きく変貌していった。大河川と大河川をつなぐ長大な灌漑水路は，一定程度伐開されていた原野を，水がかりの悪い微高地を除いて水田化していく。すなわち，段丘と沖積平野の統一的・計画的大開発が実行されたのである。ただ，この大開発は全くの原野を対象とした場合と，既存の耕地を包括する場合とがあったことであろう。前者は新規の集団を移住させる必要があったし，後者は既存の集団関係に改変をせまることもあったのではないか。いずれにせよ，以前の人口増に基づくいわば「自然的」な耕地の拡大と違って，7世紀のこの大開発は広汎な諸集団の労働力を結集した急激でドラスティックなものであった。既存の集団関係は強権的に再編され，「計画村落」「開発村落」も生み出されていったことであろう。開発の規模・内容とともに，集団関係のこうむった変容もまさに画期的と言えるものである。

4 耕地の開発と集団の結合

6世紀以前の開発は，沖積平野においては中小河川を，段丘地形では開析谷をそれぞれ単位とした。したがって，灌漑用水をめぐる直接的な利害関係は各単位の中でおさまるものであった。集団は中小河川，もしくは開析谷底を流れる細流が水量不足になった時，新たに分岐し，別個の開発集団を形成した。分岐集団は相対的に独立したとは

いうものの，母集団と密接な交通関係を持続して
いったことは想像に難くない。前者の集団を「氏
族」，後者を「部族」と仮称すると，「氏族」内部
には水利権や非自給物資の分配権，あるいは祭祀
権や裁判権などさまざまな権利をめぐって，小集
団相互に階層関係が生じていたであろうし，その
有機的結合としての「部族」にも「氏族」相互の
優劣の関係が存在したことであろう。さらに上位
の結合として，「部族」間の政治的同盟・連合と
いった関係があった。

　古墳時代の集団結合は，それぞれに階層関係を
もちながら，一つの地域内部で重層していった。
ここでの結合の基本単位は「氏族」であるが，「氏
族」相互の関係は必ずしも固定的ではなく，比較
的可朔的・流動的と言えるものであった。

　このように考えてきた場合，「氏族」相互ある
いは「部族」同盟なるものの優劣関係を形成する
条件として次の２点が指摘される。第一に，その
結合関係が時間的経過の途中で断絶することな
く，「部族」内部の階層関係なり「部族」同盟が
拡大再生産され，ますます強固になっていくもの
が優位を占める。したがって，洪水の頻度が高か
ったり，灌漑用水源としての河川が絶えず流路を
変更するようなところは，集団関係の再編の機会
が多くなり，集団結合が強化されにくい。第二に
集団結合の範囲が広く，結合の外皮とも言える同
祖同族関係が確認しやすいような地形環境にある
ところほど，「部族」的結合もしくは「部族」同
盟は強固に再生産されやすい。

　このように述べたからといって，以上の２点が
集団関係のすべてを律するわけでは決してない。
それではあまりにも環境決定論的すぎる。つま
り，こうした環境条件も大きな要素としつつ，他
の人為的要因を相乗させながら各地の集団関係が
形成されていったのであるが，７世紀の沖積平野
と段丘の統一的・計画的大開発は，「部族」関係
が止揚され，より高度な政治的結合が集団相互に
成立していたことを物語っている。

5　おわりに

　いま要請されているのは，各地においてそれぞ
れの地域のデータを徹底的に分析し，地域に固有
の歴史を構築し，それを比較していくプロセスに
列島の歴史を読みとっていくことである。そのた
めにも，開発に関して言えば，①水田，畠，水

路，堰，堤防，溜池などの遺構を一定の時―空の
座標軸で整理していくこと，②各地域の各時代に
おける地形環境を関連諸学と提携しながら復原
し，地形の変化から周辺の開発状況を洞察してい
くこと，ことに，谷地形の堆積状況——土砂の厚
さと構成物質とその年代——を克明に把握するこ
となどに留意していかねばならない。

　　註
1)　弥生時代から７世紀までの開発については以前に
　　論及したことがある（「古代の開発」考古学研究，
　　30—2，1983）
2)　古照遺跡調査団『古照遺跡』1974
3)　斎藤　隆ほか『七美・太閤山・高岡線内遺跡群』
　　1983
4)　山崎純男『三筑遺跡・次郎丸高石遺跡』1981
5)　石野博信・関川尚功ほか『纏向』1976
　　原口正三「土木技術」『日本生活文化史』第１巻
　　所収，1975
6)　(財)大阪文化財センター『亀井城山』1980
7)　古市大溝に関する多くの報告，論考については，
　　「河内古市大溝の年代とその意義」考古学研究，29
　　—4，1983に触れてある。なお古市大溝の年代に関
　　して，都出比呂志氏は筆者が年代決定の一つの論拠
　　とした古墳の破壊について「溝の改修工事の結果と
　　解しうる余地もないではない」と述べ，大溝の年代
　　が遡及することを示唆している。しかし，発掘調査
　　のデータに基づく限り（それ以外の方法では年代が
　　決定できないことを前稿で述べた），大溝の改修工
　　事は検証できず，その可能性は完全に否定できない
　　ものの現在の時点では論証不能である。
8)　木原克司「微地形復原の方法と課題」歴史地理
　　学，118，1982
9)　芝野圭之助『西浦橋・鶴田池東遺跡発掘調査概
　　要』1980
10)　原　秀禎「自然地理的背景」『亀井城山』所収，1980
11)　(財)大阪文化財センター『山賀（その１）』1983，
　　『山賀（その２）』1983，『山賀（その３）』1984，『山
　　賀（その４）』1983，『若江北』1983，『友井東（その
　　2)』1983
12)　生田維道ほか『友井東（その２）』1983
13)　高島　徹・広瀬雅信『亀井』1983
14)　宮野淳一『七ノ坪遺跡発掘調査概要』Ⅲ，1984
15)　藤永正明・岸本道昭『大園遺跡発掘調査概要』
　　Ⅶ，1982
16)　福田英人「万崎池遺跡」『府道松原泉大津線関連
　　遺跡発掘調査報告書』Ⅰ所収，1984
17)　広瀬和雄「中世への胎動」『岩波講座日本考古学』
　　6所収，1986
18)　広瀬和雄「大園遺跡における集落の展開」『大園
　　遺跡発掘調査概要』Ⅶ所収，1982
19)　広瀬和雄『観音寺遺跡発掘調査報告書』1982

祭祀の変化と民衆

同志社大学講師
寺沢知子
（てらさわ・ともこ）

首長による鏡・玉・剣などを用いた祭祀は，祭具こそ滑
石に制約されながらも民衆もまた共有していたのだった

祭祀はいつの時代にも文化・社会の一端を凝縮したものを内包し，その変化を如実に反映してきた。古墳時代のそれもまた例外ではなく，弥生時代には民衆のものであった祭祀が，吸い上げられ集約され，そして画一化されながら権力の支配構造の中に組み込まれていった。自然崇拝や農耕儀礼・葬送儀礼などかつて人々が共有していたもののどれだけが民衆のものとして残され，また新たな祭祀が民衆の手で生みだされていったのであろうか。

本稿に与えられたこのテーマを考古学的に実証していくには多くの困難が伴う。すなわち祭祀の担い手が誰であったかを遺物・遺構から推測することは容易ではなく，集落址内の諸様相がそこに住んだ民衆のものであったという仮定で論を進めていくしかない。その中から「民衆」の実態の一端でも描き出せればと思う。なお，時期の表現は前期（4世紀），中期（5世紀），後期（6世紀）とするが，後述するように関東の土器編年は，実年代に問題があるので，五領[1]・和泉・鬼高という報告書の記載どおりにしておく。

1 手捏土器

生活遺構から出土する非日常的な遺物で祭祀用品として扱われるものに手捏土器がある。手捏土器は，かつて大場磐雄氏が指摘し[2]，森貞次郎氏が整理したように[3]，『日本書紀』神武天皇の条に「平瓮」「厳瓮」とともに「天手抉」と記され，潔斎して呪言を行なう「厳呪詛」の行事に関係する直接天神地祇を祭る用具として用いられたものにあたるのではないかといわれる。粘土塊から指頭で形をつくり出しており，小型粗製（手捏）土器として分類される。弥生時代前期後半から北部九州にあらわれ，古墳時代全般をとおして出土する。弥生時代では生活遺構を中心に出土し，水辺での農耕祭祀に関連する遺構や埋葬址から出土している場合も，その土地の鎮魂を目的として供されたものと考えられ[3]，『書紀』記載との具体的関連

はともかく，自然神を対象とする鎮魂の祭具であった。ただ居住地域での出土状況を類型化することはできず，鎮魂の方法も素朴なもので，その対象は，ばくぜんとした「大地」であったかと推定される。

古墳時代の集落址からも時期や地域をとわず出土し，後述するような石製模造品に伴う祭祀やカマドに関する祭祀にも使用されている。また古墳時代になると巨岩や神奈備山・峠・海岸など自然神の特定化がなされていくが，そのいずれの祭祀にも使用されており，いわば「非実用品」として日常から切りはなされた行為すべてに用いられていた祭祀具であったといえよう。古墳時代前期の小型丸底壺や小型器台が，古墳出現期に祭祀用の土器として政治的意図を含んで使用され，古墳内にも供献されたのと比較した時，手捏土器は民衆の手に常にあったことがより強調されるのである。「鎮魂」の行為はその対象が何であれ，脈々と古代人に受けつがれていたことをまず前提として認識しておきたい。

2 カマド祭祀

手捏土器が古墳時代の生活遺構の変化にともなった新たな祭祀形態の祭具として多用されるのは中期からである。中期になって出現したつくりつけのカマドによって，炉を中心に営まれていた竪穴住居内の生活が一新されるとともに，カマドに関わる祭祀も始められた。西日本では移動式の土師器のカマドが主であったが，関東では和泉期には初現し，鬼高期初頭には急速につくりつけのカマドが普及し，その検出例も多いことからいくつかの検討がなされてきた[4]。関東で独自に発生したとみる見解が主流のようであるが，最近福岡県において中期前半のカマドとそれにともなう祭祀がいくつか検出され，カマドの起源の問題にも興味深い事例が報告されているので，例示してみたい。

浮羽郡吉井町塚堂遺跡[5]や春日市赤井手遺跡[6]

で検出されたカマドでは，構築時と破棄時にともなう土器（主に手捏土器）を中心にした祭祀が確認された。構築時には，塚堂A地区1号住居址ではカマド本体の基層面に朱を散布した例，カマドの本体内に手捏土器（塚堂D地区6号，赤井手43号住居址）や高杯（塚堂A地区1号住居址）を埋め込んだ例がみられる。破棄時には，塚堂遺跡では意識的に支脚を抜去あるいは再配置したものが多く，カマド内に稲藁を入れ火を放ち土製鏡を納置した例（塚堂D地区5号住居址），高杯や手捏土器をならべた例（赤井手75号住居址）がある。時期が下がって中期末の那珂川町松の木遺跡[7]6号住居址のカマドでは自然石を利用した支脚上に杯を置き，そのまわりに土製鏡2点，土製丸玉1点，土製勾玉1点，手捏土器3点が整然とならべられていた。このような行為のあととカマドの本体を意識的に破壊した例も多く，その上に河原石を置いて封印したかのごとくみられる塚堂A地区6号住居址の例もある。

　カマド祭祀に手捏土器をともなう例は関東なども含め地域を限らず普遍的にみられ，とくに後期には手捏の形態も集落内で類型化されている例が多い[8]（平底で甑的機能を模したもの）。支脚抜去の有無も集落ごとに特色があり，時期・地域別の差はない。このようにみていくと，カマド祭祀はそれ独自の新しい祭具と祭祀形態を備えていたというより，「住居廃棄」と一体化した祭祀として機能していた場合が多い。もちろん住居建て替えにともなうカマドの再築時にも古いものに対して破棄祭祀はなされている例もあるが，移住などにともなう場合に個々のカマドの破棄行為を集約するかのように，集落の一部のカマドに手の込んだ祭祀を行なっているもの（赤井手75号や松の木6号住居址）がとくに注目されよう[9]。カマド祭祀は各住居の個別祭祀のように考えられがちであるが，古墳時代では集落全体（後述するように大規模なものでなく数軒からなる単位集団）の意図をうけて実施されていた可能性が強い。そして，カマドは住居の象徴，火の憑代として住居施設の中では特別視されていたが，これが「宅神」として意識されるのは，律令国家の形成過程で「家」が成立する[10]のを待たねばならず，それまでは「大地」「住居」に対する信仰の域に留まっていたのではないかと思われる。

　なお，塚堂D地区では外来の陶質土器やそれをまねた土師器が出土し，赤井手遺跡も弥生後期の青銅器製作地であり，また鉄器も集落内で製作していた。つくりつけのカマドはこのような「先進地域」に古墳時代中期前半には出現しており，それは弥生時代後期にみられた「クド」に近い構造のものから漸進的に移行しながら，朝鮮半島の「カマド」概念などの外的インパクトのもとで出現した可能性が強いようである[11]。ただし，前述のカマド祭祀は今のところ日本独自のものと思われる。

3　滑石製模造品

　古墳時代の祭祀を最も特色づけるのは滑石製模造品を用いたものである。

　古墳の副葬品（供献品も含む）の場合は，前期後半に刀子・斧・鎌などを忠実に模造することからはじまる。中期前半には粗製の勾玉や鏡が，中期中葉から後半には扁平な板状勾玉や有孔円板，粗製の剣も副葬され，後期初頭には見られなくなる。一方，祭祀遺跡では，実物の鏡・武器・玉を供献する前期に続いて，中期には滑石製の刀子・斧・鏡・有孔円板が使用され，中期後半には剣・有孔円板・勾玉・臼玉が中心で，後期には滑石製品は激減し土製模造品が中心になるといわれる[12]。祭祀遺跡にみられる剣・有孔円板・勾玉・臼玉の器種固定化をもって喪葬祭祀と神祭祭祀が分離したとする見解[13]や，その反論も出されているが[14]，集落内で滑石製模造品を用いた祭祀がどう展開したかを抜きにしては，この問題は考えることができないと思う。古墳・祭祀遺跡・集落址の三者から出土する古墳時代を特徴づける滑石製模造品を通して「祭祀の変化」を具体化してみよう。

（1）　副葬（供献も含む）された模造品

　古墳に副葬された滑石製模造品は，拙稿[15]でのべたように，前期古墳に特徴的に見られた鉄製農工具による所作儀礼が凝縮・形骸化していく過程で，鉄製模造品とともに出現する。ただし，滑石製模造品は木柄の着装状態を忠実に模倣しておらず，"所作"の機能が衰退し，また棺内での集積状況や，棺上や墓上に散在している様相から，埋葬に際しての配列は儀礼の中で意味を持っていなかったと推察される[16]。刀子を主体とした滑石製模造品の儀礼は，もはや鉄製農工具によるものとは異なっており，一方，滑石製農工具の出現後も鉄製農工具の副葬は続けられ，中期には畿内中枢部で同種大量に副葬されたり[17]，あるいは初期の群

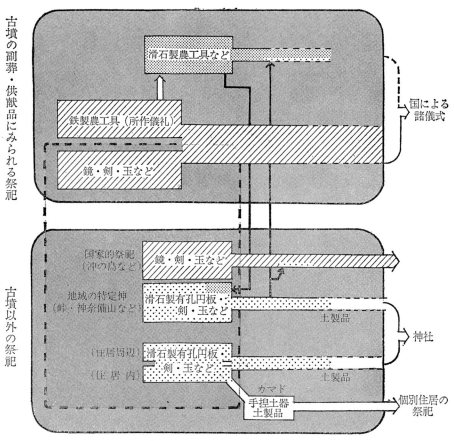

古墳時代の祭祀の概念図（滑石製品を中心に）

集墳にも鉄製模造品が副葬されている例もある。このような両者の副葬供献形態の相違について，推論を恐れずに言えば，鉄製農工具およびその模造品は，被葬者が生前執行していた所作儀礼に用いたものを副葬したのであり，滑石製農工具は被葬者の死後に，生前執行した所作儀礼を模して行なう場合に用いられたものと想定するのが妥当な解釈ではないかと思われる。そして，滑石製斧や鎌が複数副葬されている場合，顕著な形態差は認められないが，刀子はこれらより多量に副葬される傾向があり，その場合数群に分類しうる形態差を持っている。この滑石製刀子にみられる"精から粗"という変遷は，継起的な数次の儀礼の所産であったと考えられ[18]，被葬者の死後に滑石製農工具を用いて執行された所作儀礼は，その後，霊（魂）を鎮めるべく刀子のみの儀礼がくり返されたのであり，さらに言えばこのように埋葬に先立つ儀礼とは，おそらくモガリ期間中のものであった可能性が強い[19]。

このような儀礼は，畿内政権の東国支配強化の手段として利用されたと考えられ[20]，それは滑石製農工具を副葬した古墳が九州では皆無で，四国や中国地方でも稀であることからもうかがえよう。

このような過程で出現した滑石製農工具に加えて，中期中葉には滑石製の有孔円板や粗製の剣，扁平な勾玉が一部の古墳に副葬されるようになる。これは後述するように，すでに祭祀遺跡や集落遺跡で用いられていた滑石製の祭具が古墳の儀礼にも用いられたものであるが，この時期には滑石製農工具を用いたモガリ儀礼も次第に変容し，鎮魂の意味がより付加される過程で有孔円板などの祭具が供献されたものと考えられる。

（2）祭祀遺跡の石製模造品

古墳時代になると，自然神の特定化が進められ，峠・神奈備山・巨岩・海浜などに祭祀遺跡が出現する。その原流はすでに弥生時代に求められるが，滑石製品を中心とした類型的な祭祀が開始されるのは古墳時代になってからである。滑石製品の種類は，有孔円板・剣・勾玉・臼玉が中心で

あるが，初期のものには刀子やあるいは稀に斧・鎌が含まれている。滑石製刀子を出土する遺跡は，福島県建鉾山遺跡高木地区の 29 点[21]，長野県神坂峠遺跡[22]の破片を含めて 15 点という出土数が傑出するほかは数点ずつである。建鉾山遺跡では塩釜式（五領式）の新しい型式の土師器が，神坂峠でもＳ字状口縁の土師器が出土しており，いずれも前期には祭祀がはじめられていたと考えられる。初期の祭祀遺跡にみられる滑石製刀子は古墳におけるモガリ儀礼の「鎮魂」の部分が転用されたもので，それは，これらの祭祀が各地で民衆の手によって自生したものでなく，政治的意図を含んで拠点的にはじめられ，その担い手が畿内政権と関わる地方の首長層であったことを意味しているものと思われる。後述するように滑石製刀子が生活遺構からの出土をみないことも，このことを実証しているといえよう。また一方では，生活遺構では，有孔円板・剣などを主な祭具としていることは，祭祀遺跡の祭祀が民衆から遊離したものでなく，"鎮魂"の手段を共有していたことも示しているのではないだろうか。

（3）　生活遺構の石製模造品

生活遺構から出土する石製模造品もやはり東日本が中心であり，たとえば九州では福岡県の住居跡出土例は 10 遺跡に満たず，佐賀県で 2 遺跡を数えるにすぎない[23]。一方，関東の集落址出土の滑石製模造品については，これまでにいくつかの研究がなされており，「和泉Ⅰ式に稀に出土し，和泉Ⅱ式に一般化する。鬼高Ⅰ式に盛行し，鬼高Ⅱ式には激減する。種類は剣・有孔円板・勾玉・臼玉が中心」[24]というのが一致した内容である。この結論から見れば，集落址出土の滑石製品の盛期は，古墳より遅れることになるが，最近の発掘成果から時期的な修正が必要かと思われる。

まず五領期の住居址からの出土が他期にくらべて稀ではあるが増加しており，千葉県・茨城県・埼玉県などで報告されている。たとえば千葉県市原市番後台遺跡 44 号住居址[25]からは有孔円板と剣が，千葉市南二重堀遺跡 63 号住居址[26]でも有孔円板が出土しており，少なくとも五領期の後半には集落内でも有孔円板や剣などの祭祀具が用いられ始めており，古墳・祭祀遺跡での滑石製品の出現期とほとんど差がなかったようである。また，最盛期は和泉Ⅱ式～鬼高Ⅰ期とされているが，和泉期には集落内に工房を持つ遺跡が顕著

で，例えば千葉県内の和泉期の滑石製品出土遺跡の約 1/3 が工房の可能性のある住居址を含んでいる。関東では和泉期の大集落はほとんどみられず，遺跡数も少ないとされている点からみても，和泉期の滑石製品の出土率は目をみはるものがある[27]。続く鬼高期の初頭にも盛行しているが，集落が和泉期から継続している例に多く，鬼高期に集落が開始する遺跡では出土率が低く，そこではカマドにともなう手捏土器を中心とした祭祀が圧倒的に行なわれている。

次に，和泉期の様相と古墳の滑石製品との併行関係について一つの好例をみておこう。千葉市東寺山石神2号墳[28]は，直径 25m の円墳で，割竹形木棺を直葬し，木棺内から南北 2 体分の埋葬にともなう石枕 2 点と立花 18 点，刀子 20，直刃鎌 4，勾玉 1，臼玉 1,854 点の滑石製品のほか，刀子 2，鎌 4，鍬 6，錐 2，鈍 2，斧 2 などの鉄製模造品も出土している。この古墳の墳丘下から和泉期でも新しい時期（4 期にわけた 3 番目と報告）の住居址が検出され，ここの土器は例えば船橋市小室遺跡D地点の和泉期の資料より新しいとされている。この小室D地点では和泉期（19 基）から鬼高期（12 基）にかけての住居址から滑石製模造品を多数出土し，和泉期の住居址では60％の出土率になり，有孔円板 23 点，剣 10 点，臼玉 63 点にものぼる。保有量に極端な差がなく未製品・石屑も少量ずつ分在し，各々自家用に製作していた可能性があるとされている[29]。石神2号墳は，古墳全体の編年観では中期中葉前後の時期，石製模造品の古墳での変遷観では，「刀子・直刃鎌に加えて粗製ではあるが丸味の残る勾玉が多量に供献される中期前半頃の時期」に該当する。

また，千葉市上赤塚1号墳[30]は石神2号墳とほぼ同時期の所産で，棺内から石枕・立花と斧 4，鎌（直刃）2，墳丘上（撹乱）から刀子 2 の滑石製品が出土しており，周溝底から和泉期の土師器の一括資料が検出された。古墳の近接地には五領から和泉期にかけての集落（南二重堀遺跡）が営まれ，その関連性が指摘されているが，該当する和泉期では 11 軒のうち 28 号住居址からやや扁平な滑石製勾玉が出土したにすぎない。この 28 号は長方形で，祭祀用とみられる小型土器が 14 点も出土し，他の 10 軒が 28 号を中心に配置されている。また和泉期の 24 号住居址から出土した鉄鋌は，この集落が上赤塚1号墳を生み出しうる集団

であったことを示唆しているとみられている。

以上の特徴的な事例から，まず和泉期が中期前半の40〜50年の短い期間となる可能性が強いという事，次にそのことを前提として滑石製品の出土量をみる時，和泉期の盛行がより強調されるという事，また滑石製品を用いた祭祀は同じ集団でも古墳と集落では出土量なども含め関連性が乏しい事，集落内でのこの祭祀は，一部に独占あるいは集中する性格のものではない事などを読み取ることができよう。

集落での滑石製品を用いた祭祀の出現と消滅の理由を明解に論じることはできないが，有孔円板・玉・剣の石製品の組み合わせは，前期古墳にとくに象徴的にみられた実物の鏡・玉・剣を用いた首長による「神まつり」の儀礼と共通した意味を持っているといえ，民衆レベルに浸透していたこの意識を集約していたからこそ首長層の実物を用いた祭祀が政治的に意味を持ち得たともいえよう。鳥取県長瀬高浜遺跡で住居址近くの15 ISPOI（土壙状遺構）出土（前期）の素文鏡3点，ガラス小玉2点，剣先型鉄製品約40点などの組み合わせも同様に解釈できよう[31]。また一方では，「国家的祭祀」として位置づけられている沖の島祭祀遺跡に基本的に滑石製農工具が供献されることがなかったのは，沖の島が畿内政権と直結した祭祀場であったからこそ，本来古墳での滑石製農工具が備えていた意味（モガリ儀礼に伴うもの）が，確実に貫徹されていたがため排除されたものと思われる。

滑石製品の諸様相を整理してみたが，重ねていえば，前期以降古墳の被葬者が「神」としてまつられたことはなく，副葬された鏡・玉や鉄製農工具などは首長が執行した儀礼に用いられた政治的祭器であった。そのうちの鏡・玉・剣などを用いた祭祀は，祭具こそ滑石などに制約されながらも民衆も共有し，一方鉄製農工具を用いた所作儀礼の一端は，首長のモガリ儀礼の一部分に滑石を用いて吸収されたが，民衆がそれを共有することはなかったのである。

4 おわりに

関東でのカマドの出現を各竪穴での消費生活・生産の自立化を示すものとし，それは家父長制的世帯共同体の自律を意味し，住居址出土の滑石製品も家父長が祭祀権を掌握した結果とみる見解が示されたこともある[32]。しかし，筆者は考古学的に家父長制の存在を古墳時代後期に立証できるとは考えていない。今回の分析を通しても，その証左は得られなかった。むしろ甲元真之氏が明解に整理されたように[33]，農耕開始期より存在し，多様性をもちながらも古墳時代後期まで続いた単位集団——消費単位としての各個別住居と，より大きな生産集団との中間に位置し，あらゆる古代的生産の分解不可能な基礎単位——が，これまでのべてきた祭祀行為を担っていた最小単位であったという見通しを強めた。

本稿では詳しく触れられなかったが，単位集団を構成する個別住居それぞれに祭祀具が保有されていても，それは全体の一部にすぎず，たとえば臼玉数点しか出土しない一住居だけで祭祀行為が完結するものではなく，数軒からなる単位集団として集められて機能したものと考えられる。埼玉県番清水遺跡47号住居址の甕内出土の338点の臼玉[34]や，福岡県鞍手町向山3号住居址[35]の一連の140点の臼玉は，“集中”した状態で検出されたものであるが，各個別住居に“分有”状態で出土した場合と集団の構造が異なったものではないのである。

関東での集落は和泉期頃までは一つの単位集団が一定地域を移動しながら形成されたものが基本で[36]，滑石製品の祭祀もその単位内で行なわれていたが，我孫子市日秀西遺跡のように鬼高期に開始する，単位を構成しない均質的な住居群で継続的に構成された180軒もの大集落の出現に及んで，単位集団が担っていた滑石製品の祭祀は払拭されていったのである。

滑石製品を中心とした祭祀の流れを，時期や遺跡の性格などから組み立てなおそうと試みたが，残された問題のほうが多い。まず，古墳時代中期の土師器は，併行関係などまだ未解決の部分が多く，東日本と西日本の地域性の比較の検討ができなかった。滑石製品の様相について両地域の差は歴然としており，これが何に起因するものかという点に関して畿内政権とのかかわりだけで，はたして理解しうるのかという問題があげられよう。また東日本といっても，関東地方の南部を中心に扱っており，さらにこまかい地域性の検討も必要であることは言うまでもない。

とりあえず本稿では，民衆の祭祀と首長層の祭祀の共通性や違いの一端を明らかにしえたにすぎない。さらなる実証作業と研究を進めたい。

註

1) 五領式を布留1〜3式に対応させ（前期），船橋0−I資料を中期開始の標式とする案を基本的に採用している（大村　直「東国における前期古墳の再評価」物質文化，39，1982）

2) 大場磐雄「祭祀遺跡」『神道考古学の基礎的研究』所収，角川書店，1960

3) 森　貞次郎「新・天手抉考」国学院雑誌，78—9，1977

4) 金子裕之「古墳時代屋内祭祀の一考察—関東・中部地方を中心として—」国史学，84，1971
　高橋一夫「和泉・鬼高期の諸問題」原始古代社会研究，2，校倉書房，1975
　桐原　健「古代東国における竈信仰の一面—竈内支石のあり方について—」国学院雑誌，78—9，1977

5) 副島邦弘編『浮羽バイパス関係埋蔵文化財調査報告』2，1984
　馬田弘稔編『浮羽バイパス関係埋蔵文化財調査報告』4，1985

6) 丸山康晴編『赤井手遺跡』春日市文化財調査報告書6，1980

7) 『安徳・道善・片縄地区区画整理事業地内埋蔵文化財調査概報』那珂川町教育委員会，1979

8) 例えば，我孫子市日秀西遺跡例。なお当遺跡では土製鋤先模造品がカマド周辺から，041B住居より8個体分，029A住居で1個体，032C住居で1個体分出土している。カマド独自の祭祀具かとみられるが類例が乏しく，普遍的なものではなかったようである（清藤一順・上野純司編『我孫子市日秀西遺跡発掘調査報告書』千葉県文化財センター，1980）

9) 佐々木隆彦「竈祭祀について」前掲註6）所収

10) 吉田　孝「律令制と村落」『岩波講座日本歴史』3所収，1976

11) 樋口吉文「SA01住居址内検出のSC01竈について」『四ツ池遺跡』堺市文化財調査報告16，1984

12) 亀井正道『建鉾山—福島県表郷村古代祭祀遺跡の研究—』吉川弘文館，1966

13) 小出義治「祭祀」『日本の考古学』V所収，河出書房，1966
　椙山林継「祭と葬の分化—石製模造遺物を中心として—」国学院大学日本文化研究所紀要，29，1972

14) 白石太一郎「神まつりと古墳の祭祀—古墳出土の石製模造品を中心として—」国立歴史民俗博物館研究報告，7，1985

15) 寺沢知子「鉄製農工具副葬の意義」橿原考古学研究所論集，4，吉川弘文館，1979

16) 杉山晋作氏もこの様相から「埋葬に先立つ儀式において使用されたものが一種の廃棄という形で埋められた」としている（「葬送儀礼と石製刀子」国立歴史民俗博物館研究報告，7，1985）

17) 例えば奈良市宇和奈辺6号墳では刀子284，斧104，鎌139，鍬179，鉇9の鉄製農工具が出土している（末永雅雄『宇和奈辺陵墓参考地陪塚・大和第6号墳』奈良県史蹟名勝天然記念物調査抄報4，1949）

18) 拙稿15）参照。ただ刀子の持つ形態差の中には時間的な差だけでなく工人の違いも同時に含まれている可能性も多い。

19) 沼沢豊氏は千葉市石神2号墳の滑石製品のキズをモガリの期間中のものと推定されている（沼沢　豊編『東寺山石神遺跡』千葉県文化財センター，1977）

20) 椙山林継「古代祭祀遺跡分布私考」上代文化，35，1965

21) 前掲註12）

22) 大場磐雄編『神坂峠』1969

23) 「共同研究"古代の祭祀と信仰"附篇—祭祀関係遺物出土地名表—」国立歴史民俗博物館研究報告，7，1985。以下統計的な数値は本書を参考にしている。

24) 高橋一夫「石製模造品出土の住居址とその性格」考古学研究，18—3，1971
　椙山林継「住居址発見祭祀遺物の研究—時期検討を中心に—」国学院大学日本文化研究所紀要，35，1975

25) 藤崎芳樹編『市原市番後台・神明台遺跡』千葉県文化財センター，1982

26) 古内　茂編『千葉東南部ニュータウン12—南二重堀遺跡—』千葉県文化財センター，1973

27) 後藤和民氏は和泉期の様相を「それにしてもこの時期に製作された滑石製品の量はぼう大なものであり，極端ないい方をすれば，滑石製模造品づくりが生活のすべてのような錯覚すら受ける」としている（『日本の古代遺跡18　千葉北部』保育社，1984）。

28) 前掲註19）

29) 前掲註24）椙山論文

30) 栗田則久編『千葉東南部ニュータウン13—上赤塚1号墳・狐塚古墳群—』千葉県文化財センター，1982

31) 『長瀬高浜遺跡Ⅲ』鳥取県教育文化財団報告書8，1981

32) 前掲註24）高橋論文

33) 甲元真之「農耕集落」『岩波講座　日本考古学4　集落と祭祀』所収，岩波書店，1986

34) 金井塚良一ほか『番清水遺跡調査概報』考古学資料刊行会，1968

35) 中間研志編『九州縦貫道関係埋蔵文化財調査報告』Ⅻ，1977

36) 前掲註33）

古墳時代の生産と流通

神戸商船大学教授
北野耕平
(きたの・こうへい)

畿内政権の政治構造は古墳時代中期になって大きく変革したが，その生産体制は専業集団の把握と再編成によって可能だったのである

　古墳時代の生産と流通の諸現象にかかわる問題は，社会的専業集団がどのようにして成立し，時代の画期をなしたかを解明するところに重要な鍵がある。この時代は独自の社会体制の形成期にあたり，さまざまな要因も政治的背景の中で展開した。

　畿内と九州およびその周辺地域は，弥生時代以来の伝統のもとに，それぞれの地域社会の特色をもっている。このような地域に形成されてきた在来的生産集団に対して，古墳時代にはもう一つの渡来系生産集団があり，両者をどのように評価するかに問題の解決がかかっている。この時代の生産体系は多岐にわたるが，ここでは最も主要な切り口として鉄器鍛造，玉作，製陶の諸部門についてふれることにしよう。

1　鉄器鍛造

　弥生時代中期以降，北九州を中心として鉄製生産用具が普及し，その余波は瀬戸内をへて畿内にも及んだ。長方形の鉄板の両側を折返した鍬先は鉇・鎌・斧・刀子などの利器とともに効率の高い農工具であった[1]。これらの用具が古墳前期から中期にかけて畿内をはじめとする各地の古墳の副葬品にも広く現われることから，流通期間の長期にわたる生産具といえるであろう。この期間の鍛造がどのような仕組みで行なわれていたかは量的な変化を通じて観察することができる。

　奈良県メスリ山古墳の副室から特異な鉄弓1張と，鏃身，箆および矢羽をことごとく鉄で共作りにした矢が5本出土している[2]。しかしこの古墳の場合注目されるのは220本に近いヤリ先と，236本の銅鏃を副葬していた事実である。ヤリ先の全長は18.3～62.0 cmなど大小があって，製作地を限定できるか意見の分かれるところであるが，銅鏃はすべて有茎柳葉式に属し，蛍光X線による成分分析でも同一場所で鋳造された可能性が強いという。

　柳葉式の銅鏃は前期古墳において最もありふれた形式で，畿内を中心として東は東北地方の会津若松市の大塚山古墳[3]から西は九州の豊前石塚山古墳に及ぶ広い範囲に認められる。したがって各地で個々に鋳造された可能性が強く，前代以来の銅器鋳造技術の発達過程からみて，一元的な供給とするよりも同一形式生産の流行とみた方がよい。メスリ山古墳の場合には在来的生産組織から供給された銅鏃を一括保有していた形跡がうかがえる。同様に前期古墳に用いられた鉄鏃の場合にも，多元的な生産の傾向があったであろう。

　『日本書紀』「綏靖即位前紀」の条に，神渟名川耳尊（みみのみこと）が手研耳命（たぎしみみのみこと）を射殺するために矢を作らせた説話がある。この記事によると弓部稚彦（ゆげべのわかひこ）がまず弓を作り，倭鍛部（やまとのかぬちべ）に属する天津真浦（あまつまうら）が鉄鏃を鍛造し，その鉄鏃に箆をとりつけて矢に仕上げたのは別の矢作部（やはぎべ）に属する工人であった。説話の成立がいつであるかを明らかにすることはできないが，少なくとも鉄鏃の鍛造に従事したのは鉄工あるいは鍛戸で，矢は別に矢作部によって仕上げる体制であったとすることができよう。ちなみに『延喜式』「兵庫寮式」によると征矢50本を製作するのに夏季は22日と大半日，春季と秋季は25

図1　アリ山古墳北施設出土の鉄鏃と刀剣（大阪府藤井寺市野中）

日，冬季は 29 日が基準であった。

古市古墳群の応神陵に治定された中期の大前方後円墳の西側に，陪塚の位置を占めたアリ山古墳があり，総数 1,600 本を越える鉄鏃が出土した[4]（図1）。これらの鉄鏃は大別して2種の形式からなっていた。このうち有茎三角形式は岡山県月輪古墳[5] など前期古墳にすでに出現している形式で，石川県金沢市野町二子山古墳から出土した銅鏃[6] に同形の鋳造品があることから，前期の段階から受けつがれた在来形式の鉄鏃といえる。これに対してもう一方の有茎腸抉柳葉式の鉄鏃は，形状がありふれた柳葉式といいながら，側縁にタガネを用いて2段の逆刺をつくり，鋭利さと効果の点で中期になって新たに登場した技法といってよい。類似品は和泉黄金塚東槨[7]，滋賀県新開古墳[8] などにあり，中期初頭に流通したらしい。

タガネを用いて鋭利な逆刺を作る技法は朝鮮三国の鍛造武器の中に共通点を見出すことができる[9]。5世紀中葉になって朝鮮三国と同様の長頸式鉄鏃が流行するのも同じ理由によるものであろう。すなわちアリ山古墳の2種の鉄鏃に認められる形式の差異は，それぞれの工人集団の系譜が，古墳前期か弥生時代に遡る在来系と，新たに中期初頭に登場した渡来系とに基づくのではないかとみられ，なお多角的に検討する価値のある問題である。

鉄素材を日本列島内の所産としないで，朝鮮半島からの供給に求めたい条件はまだ強いが，今後鉄器の分析によって産地の解明が一層進むことを期待したい。5世紀段階の畿内の古墳から出土する莫大な鉄を"国産"とするには製鉄址の裏付けがまだ乏しい。またチタンの含有量が少ないことから，山陰・山陽地方の砂鉄を原料としたとするよりも，鉄鉱石からの鉄素材に近いという所見[10] を参考とすれば，輸入鉄鋌との結びつきを否定しがたい。鉄鋌を重量比から貨幣として流通したとする見解[11] は興味があるが，その性質を認めると鉄鋌の産地を朝鮮半島に求める条件がますます強くなるであろう。したがって今後に残された大きな問題は，各種の鉄器の製作にどの程度まで渡来系の鍛造技術が導入されていたかという点であろう。

衝角付冑や短甲をことごとく列島内での鍛造品とすることになお検討の余地はあるが，その帰結は当時の渡来系工人集団の活動をどう評価するか

にかかっている。この場合，前期から中期初頭にかけて甲冑の革綴技法が鋲留技法に転換した経過が最も重要な手掛りである。筆者は三角板革綴品がいずれも三角板鋲留品として登場するところに一つの画期があると認め，鉄製馬具を鍛造する工人が渡来した時期に重要な契機を求めたいと考えている。はたしてこの解釈が妥当かどうかについては，別に詳論する機会を持ちたいと思う。

いずれにしても甲冑は主に畿内を中心とした流通体制と，九州においても別途に小規模ながら製作された可能性があり，この系譜は異なっている。のちの鍛冶部は鉄工・武器工であり，鞍部や狛部は馬具工・金工・皮革工として武具工でもあった。鋲留甲冑の成立には単なる鍛冶部的職掌よりも，金工に長じた集団が関与していたことを指摘できるのではあるまいか。それを裏付けるものとして，これらの甲冑の中に金銅あるいは鉄地金銅張の遺品があり，単に鉄器の鍛造という技術以上の高度な金工による装飾性が挙げられる。「応神紀」には手人韓鍛冶卓素の名をあげ，百済系渡来工人であることを明らかにしている。また百済系の技術工人がとくに多かった理由は，おそらく百済の故地が楽浪・帯方に接していて，高句麗の南下に伴う対立の過程で中国系工人が百済に流入した可能性を考えたい。

2 玉 作

玉作遺跡については寺村光晴氏のすぐれた体系的研究[12]があり，縄文・弥生時代から古墳時代にかけての攻玉技術の発展過程が，北陸，山陰および東国にわたってあますところなくとらえられている。さらに近年に至って鳥取県長瀬高浜遺跡から弥生前期に属する玉作遺跡が発見され，ついで滋賀県烏丸崎遺跡には琵琶湖に向かって突出した半島先端の弥生中期の集落址でも2基の竪穴工房の例のあることが判明した。

これらの遺構の状況と併せて北陸，山陰地方における玉作は弥生末から古墳時代初頭にかけての段階では，まだ本格的な専業集団を形成していなかったとみられる。すなわち単位集団内の特定竪穴においてのみ玉作が行なわれていたという指摘は，集落成員の一部が生産に従事する状況を示すものであったであろう。

石釧・車輪石・鍬形石など石製腕飾類の生産と流通の問題も大きい。この石製品の製作地が畿内

に存在せず，かえってその周辺地域に認められることは注目すべき傾向で，製作地と実際の遺物の分布密度からみて，これらが中央から地方への配布というより，地方から中央への貢納の結果，畿内に集積されたと理解する方が妥当であるという。

ところが最近になって奈良県橿原市真菅遺跡から大規模な玉作工房址が発見されたので，畿内中枢地域においても玉作集団の居住していたことが判明した。遺跡は大和盆地のほぼ中央にあって，曽我川の東岸に位置し，5棟分の建物と工房址とがかつての沼沢地の近傍に遺存していることが確かめられた。橿原考古学研究所の所見によると，おそらく忌部氏の祭祀にかかわった玉作集団で，5世紀後半から6世紀前半にかけてのものと推定される。

ここでは硬玉・碧玉・緑色凝灰岩・滑石・水晶・メノウなどさまざまの材石を用いて，勾玉・管玉・小玉などの玉製品を加工している。これらの原石は硬玉が新潟，碧玉が出雲，緑色凝灰岩が北陸，滑石が和歌山から搬入されたと推定できるので，在来的生産集団による玉作工房址というべきであろう。とくに作業場に供されたらしい溝状遺構が住居址と分離して設けられていたのは注目すべきことで，「部」と称するにふさわしい専業工人集団の存在を裏付けるといってよいかもしれない。

真菅遺跡が6世紀中葉には消滅している原因としては2つの事情が考えられる。1つは玉製品の需要と供給にかかわる流通関係の衰退により，玉作集落の経営が放棄されるに至ったためであり，他の1つは組織を維持していた上部の権力機構が政治体制の変化により解体した結果である。寺村氏は東国における玉作集団の動向についても，ほぼ同じ時期に同様な消滅化がうかがえることを指摘していて，その理由に継体天皇の即位にからむ王朝交替期の動乱を想定していることも考慮に値する。真菅遺跡の場合，理由がいずれであるかの判断は調査者の意見にまちたいが，部民制の再編時期を5世紀末ごろとする文献史家の見解に対して，この在来的生産集団による玉作組織の形成は深い関係にあるといわねばならない。

3 製 陶

土器の地域的流通は前代の縄文・弥生時代にも頻繁に認められるが，古墳時代になると前期の土師器に関しても同様な現象がある。たとえば河内平野中央部の集落遺跡から各地域産の土師器が検出されているのがこの例で，八尾市中田遺跡の場合，摂津あるいは紀伊紀ノ川，吉備，さらには山陰の土器までが地元の土器と共存している状況が確かめられたという。とりわけ土器だけが流通したというよりも，各地方の産物をおさめた容器として流通したことが少なくなかったであろう。

5世紀前半以降須恵器が登場すると，ユニークな生産と流通の現象が現われる。須恵器の全国的な流通の背景として大阪湾に近接した「陶邑古窯址群」の存在は無視できない。泉北丘陵の上には5世紀から8世紀にかけて総数千基をこえるあな窯が営まれた。その分布は東西8km，南北7kmの範囲におよび，東方から陶器山・高蔵・栂・光明池・大野池の各地区にわたり，須恵器の集中的な生産地帯である（図2）。窯址は密集した分布を示し，大阪府や堺市の調査により，窯群が丘陵の尾根筋を利用した道で相互に結ばれている関係も明らかとなった。中村浩氏の研究によると工人集団の上に窯元的な中間層の組織があり，窯の維持，経営が一元的に行なわれていた可能性が極めて濃厚であるという[13]。

これらの窯の製品は石津川や陶器川など生産地帯を貫流する水系のほとりに一括して集められ，選別された。近年の調査によって堺市大庭寺町深田，泉北ニュータウン泉ケ丘地区北部の辻之，陶器北・福田の小角田などの諸遺跡は生産地と消費地とを結ぶ大規模な流通基地ともいうべき性格をもつことが判明した。遺跡はいずれも須恵器の輸送に便利な河川に近接し，深田遺跡では柵列とともに3〜4棟の倉庫址があり，辻之遺跡では全体が5万㎡におよぶ範囲のうち約1万㎡の調査で6棟の倉庫址が確かめられ，同様に小角田遺跡では6万㎡のうち5千㎡の範囲から10棟の倉庫址が検出された。周囲の溝などには選別，廃棄された各種器形の須恵器が堆積していて，明らかに製品の集積場として使用したことを示していた。須恵器の型式から深田遺跡が5世紀後半を中心とし，辻之遺跡が6世紀前半から後半にかけて，小角田遺跡が6世紀後半から7世紀前半の期間にわたっているので，須恵器の大量生産に関連して早くから流通組織が機能していたことも判明した。

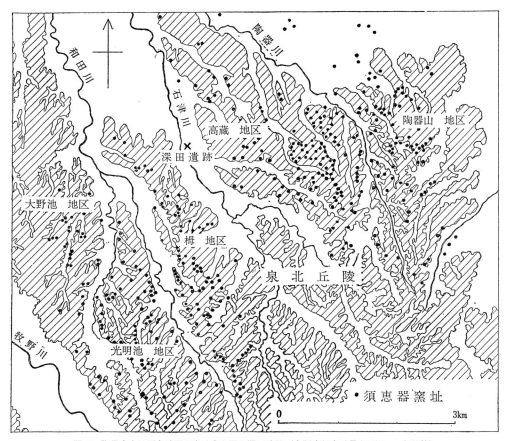

図 2 陶邑古窯址群各地区の窯址分布図と深田遺跡（大阪府教育委員会原図，一部補筆）

　これらの須恵器は中央に貢納されたほか，水系あるいは陸路を利用して畿内，山陰，九州，東北の各地にもたらされた。これらの地域から出土する土器の中で，陶邑の須恵器であることを的確に識別する手段として土器の胎土分析がある。三辻利一氏により近年この分野の研究は著しい成果を挙げたが，一口でいえば各地の粘土鉱物に含まれる稀有元素の有無と量を測定して産地推定を試みようとするものである[14]。たとえば蛍光X線分析ではストロンチウム，ガンマ線発生分析ではサマリウム・セシウム・ランタンなどの元素の含有比から産地特性を割り出す方法である。これによって全国ほぼ 15 カ所の地域の窯で焼成された須恵器の特徴が決定され，陶邑だけでなく各地の須恵器の地域的流通を裏付けることが可能となった。とくに初期須恵器の中には朝鮮半島から持ちこまれた硬質土器が少なくないので，須恵器の源流をさぐる上からも有効である。

　さて須恵器は陶邑だけで最初から一元的に生産されたものではない。たとえば須恵器の焼成技術の受容時期に関しては，福岡県夜須町小隈(こくま)窯址が畿内の陶邑よりも早い可能性をもっている。淀川以北の摂津や畿内の周辺においても紀伊，播磨などで陶邑と同時期か，あるいはやや先んじて窯が営まれた場合があるのではないかという条件もある。最近の例では大阪北部の吹田市朝日ガ丘の窯は 5 世紀初頭に遡る可能性をもっている。また各地での調査が進展するにつれて，陶邑とは系統の異なる初期須恵器が東海，四国，九州あるいは東北で注目されるようになって，多元的な須恵器の生産体制の成立を想定すべき段階に達した[15]。たとえば猿投山(さなげやま)の東山 111 号窯[16]や仙台市大蓮寺窯がこの例である。

　このことは当時の政治体制下で渡来した工人によって陶邑窯（図3）だけがまず営まれたのではなく，朝鮮半島との多様な文化の交流を前提として，伽耶だけにとどまらず広く百済・新羅からも工人のグループが相前後して渡来し，各地に定住して窯を営んだ結果とみられる。舶載された硬質土器に伽耶系のものが多いことは事実であるが，

65

図 3 陶邑古窯址群における須恵器焼成のあな窯
（大阪府教育委員会提供）

窯業技術に関しては朝鮮三国各地からの影響を想定するのが妥当であろう。陶邑窯の須恵器についてみても百済系の要素が極めて強い。

陶邑古窯址群が占める重要な歴史的位置は，在地豪族の需要を満たすよりもはるかに多い須恵器を生産したという最大の規模と最広域の流通範囲とにある。堺市桃山台の野々井遺跡から出土した坩形須恵器の外面に「門出」とか「向」などと記していた中に「阝」の文字があった。土器の型式からみて5世紀末と推定される。この「阝」は「部」の異体字と認められるので，あるいは当時の製陶工人集団の組織として部民制が成立していたことを実証する資料ではないかと思わせるものがある。

朝鮮半島における硬質土器の窯については，新羅でも慶州の川北面徳山里，花山里，東山里，内南面花谷里，望星里，暗谷洞などに窯址が密集し，伽耶でも高霊邑東南の内谷洞の丘陵上に大規模な窯址群[17]があるので，これらの工人集団がすでに組織化されていたことが察せられる。したがって日本において生産集団の組織化が行なわれたのは，朝鮮半島で先行する制度を有していたこれら渡来系が早かったであろう。畿内政権の政治構造自体も古墳中期に大きく変革したが，内部の生産体制の維持は社会的専業集団の把握と再編成によって可能であった。これを直ちに部の成立と呼ぶことができるかどうかはまだ検討の余地があり，考古学的にアプローチするにも限界がある。鉄製武器の鍛造という政権への隷属性の極めて強い部門だけでなく，須恵器のような日常器物の生産に対しても組織の制度化が存在したところに特別な意義を認めたい。

〔付記〕 日本の古代の生産と流通について，考古学上から検討しなければならぬもう一つの課題としては「製塩」がある。この問題は多年，近藤義郎氏らによって追求され，近年同氏により『土器製塩の研究』（青木書店，1984）として集大成された。同書には縄文時代の茨城県広畑遺跡などに始まり，三重県小海遺跡の中世製塩炉にいたる各時代の製塩遺跡が，体系的に整理，記述されている。今後，製塩に関する分業成立の問題を考えていく上で，重要な業績となることをとくに申しそえて紹介しておきたい。

註
1) 第16回埋蔵文化財研究会編『弥生時代から古墳時代初期における鉄製品をめぐって』（関連資料集2），1984
2) 小島俊次・伊達宗泰ほか『メスリ山古墳』奈良県教育委員会，1977
3) 伊東信雄・伊藤玄三『会津大塚山古墳』会津若松市史 別巻1，1964
4) 藤 直幹・井上 薫・北野耕平『河内における古墳の調査』1964
5) 近藤義郎編『月の輪古墳』1960
6) 上田三平『加賀・能登ノ古代遺跡』石川県史蹟名勝調査報告，1，1923
7) 末永雅雄・島田 暁・森 浩一『和泉黄金塚古墳』1954
8) 西田 弘・鈴木博司・金関 恕「新開古墳」滋賀県史蹟調査報告，12，1961
9) 北野耕平「古墳時代中期における鉄器の二相」三上次男博士喜寿記念論文集 考古編，1985
10) 清永欣吾『奈良県出土の鉄刀剣の分析』橿原考古学研究所9月例会発表資料，1982
11) 村上英之助「鉄鋌（枚鉄）ふたたび」日本製鉄史論集，1983
12) 寺村光晴『古代玉作形成史の研究』1980
13) 中村 浩『和泉陶邑窯の研究』1981
14) 三辻利一「胎土分析による土器の産地推定：蛍光X線法，土器の微量成分と産地推定：放射化分析法」考古学・美術史の自然科学的研究，1980
15) 楢崎彰一編『日本陶磁の源流』1984
16) 斎藤孝正「猿投窯成立期の様相」名古屋大学文学部論集・史学，29，1983
17) 李 殷昌『新羅伽耶土器窯址』暁星女子大学校博物館，1，1982

生活遺構・遺物の変化の意味するもの
—竈と鉄製農具—

埼玉県埋蔵文化財調査事業団
高橋一夫
（たかはし・かずお）

東国のすべての地域に竈がみられるのは6世紀に入ってからのことで，鉄製農具の普及と同じく支配者層が関与していたと考えられる

1 竈の出現

古墳時代における生活遺構のなかで，最も顕著な変化を示すもののひとつとして，炉から竈への変化がある。竈の出現の問題について，古くから大きくふたつの見解に分かれている。ひとつは竈は大陸から窯業技術とともに日本にもたらされ，一元的に普及するという考え方で，もうひとつは竈は在地で多元的に発生するという考えである。筆者はかつて後者の考え方にたって竈の発生について述べたことがある[1]。しかし，その後こうした考え方に対し，多くの批判が寄せられている[2,3,4]。これらの批判からは学ぶべき点が多く，現在従来の見解は成り立たないものと考えている。そこで，全国的に初期竈の実態が明らかになりつつあるので，再度竈の問題について考えて行くことにしよう。

最近，北九州地方や畿内地方で古い竈が次々に見つかっている。例えば，堺市四ツ池遺跡では庄内式から布留式の竈が[5]，また福岡市西新町遺跡では布留式の古い段階の住居跡に竈が存在するという[6]。ところが，この時期の竈は集落全体に普及していなかったようだ。しかし，福岡県塚堂遺跡では5世紀初頭のほとんどの住居跡に竈が存在する[7]（図1—1）。しかもそれは完成された竈であり，大型の把手付き甑も伴っている（図1—2）。4世紀中頃の住居跡の1軒に竈が見られるものもあるが，土器の出土量は少なく混入の可能性もあり，その土器を竪穴住居跡の年代とすることはできないだろう。北九州や畿内といった一部の先進地域では，古墳時代初頭には竈が出現していたようだが，すべての集落までには一般化していなかったものと思われる。集落において竈は畿内や北九州地方の状況から，5世紀初頭頃には一般化するようである。

5世紀初頭という時期は，日本に須恵器窯が出現する時期である。須恵器生産の開始時期については，それよりも若干遡るとする見解もあるが，いずれにせよ古く大川清氏が述べているように[8]，竈の出現は須恵器窯の出現と大いに関係があるようである。須恵器窯は朝鮮半島からの技術伝来であるので，竈もそこからもたらされたと理解すべきであろう。また西谷正氏も竈は朝鮮半島との関連で考えられるという見解を述べている[9]。

最近，これに関し大林太良氏は興味ある見解を述べている[10]。大林氏は，明器からみて竈は中国

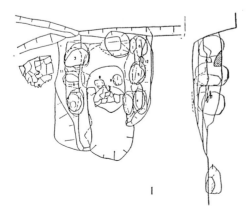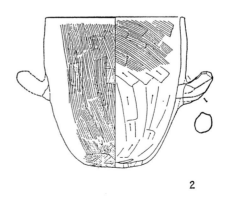

図1　塚堂遺跡の初期竈と甑

では漢代に用いられていたことは明らかで，朝鮮高句麗では5世紀に用いられていることから，中国から朝鮮を経てわが国にもたらされたとしている。そのひとつの手がかりとして，14世紀中頃に成立した説話集の『神道集』のなかにあるひとつの説話をあげている。その話の概略は次のようなものである。

隣どうしの男女が結婚した。男は栄華を尽くしたあげく，遊女遊びに狂ってしまい，結局女と離れてしまった。それから男は零落した。しかし，女には福分があるので長者と再婚した。男は村を出て箕を売り歩いているうちに，再婚した妻の家に売りに行った。女は前夫と気づき，箕を買ってやる。そして，次に来た時には下女の家に泊めさせた。夜，男の様子を見ようとすると目と目が合い，事情を知った男は恥じて死んだ。女は死体を釜屋のうしろに埋めさせた。そして，男は釜神になったというのである。

こうした一人の女が二人の男と結婚し，落ちぶれた前夫が前の妻に出会い，死んで竈神になる形式は多く，広く東アジアに分布しているという。このような話は中国で発生し，竈とともに起源神話として日本に入ってきた。つまり，古代において竈の祭りあるいは祓いも，それを基礎づける神話もひとつのセットとなって入ってくるのが自然であろうと述べている。こうしたことからも竈は朝鮮から伝えられた可能性が濃厚である。

少なくとも5世紀初頭に北九州地方や畿内地方に受容された竈は，5世紀後半に東国に出現する。出現の背景について，竈発生多元説を採るものは家父長的世帯共同体の成長を評価し，一元説を採る研究者は大和政権との関係で考えている。筆者も当然前者の考え方を採っていた。

東国を見るかぎり，竈は5世紀後半に出現するとはいうものの，すべての地域に出現するのではない。東国のすべての地域に竈が見られるようになるのは，鬼高期つまり6世紀に入ってからである。こうした竈の出現の時代的差異を，家父長的世帯共同体の成長の相違とするにはやはり無理があるようだ。谷井氏も批判しているように，竈の出現をもって消費生活の自立化や社会の発展の差異を論証することは困難であるし，指摘することはできないだろう。例えば，群集墳の被葬者を家父長的世帯共同体の家長クラスとするなら，群集墳の存在しない地域には家父長的世帯共同体が存在しないことになる。やはり，群集墳の出現にも家父長的世帯共同体の成長プラスαのなにかがあったはずである。

ここで，東国における竈出現を大和政権との関係で考えている論者の見解を聞いてみることにしよう。原島礼二氏は，竈の出現には支配集団が関与しているとし，それは「5世紀に増大しつつあった非生産的労働への不満を解消する一手段としての側面を持つ」との見解を示している[11]。

また，笹森紀己子氏は，竈の出現を糒との関係で捉えている。つまり，竈が出現する5世紀後半は，東国にも大型の前方後円墳が出現し，「労働力貢納が盛んに行われ始め，それに伴い携行食としての大量の糒生産が必要とされる時期に相当する」とし，原島氏の「王権と坂東地方の支配集団との支配服属関係は坂東労働力を貢納しながら，支配のための技術や物資を与えられ」ていたとする考え方を参考に，「王権に貢納された莫大な労働力とかまどが密接に結びつき」，「かまどの出現が労働力貢納を裏付ける」関係にあると論じている。原島氏や笹森氏が述べているように，在地首長を通じて大和政権に労働力を貢納し，大和政権は「支配のための技術や物資」のひとつとして竈を与えていたと考えることができよう。

いずれにせよ，竈の出現は人々の生活に大きな変革を与えた。それはまず土器組成に現われた。甕は竈にかけて使用できるように長胴化し，それとセットとなる大型の甑が出現する。竈出現以前の甑の出土率は非常に低く，かつ小型であることから，日常生活に用いられたとは考え難いので，祭りの時に使用されたのではないかと推察している[12]。しかし，竈が一般化すると大型の甑は，各住居跡に少なくとも1～2個体出土するようになる。大きな変化である。こうしたことから，台付甕を用いての煮る食生活に蒸すことが加わり，食生活の主流が蒸すことに変わっていったようである。実際に台付甕に代わる煮炊き用の土器は見られなくなる。そして，竈の導入は谷井氏や大林氏が指摘しているように，単に竈だけでの問題ではなく，それに伴う祭りや世界観などもセットとなって入ってきたものであろう。

2 鉄生産と鉄製農具

鉄製農具の研究は，都出比呂志氏による鉄製農具の研究以来いくつかの蓄積がある。鉄製農具を

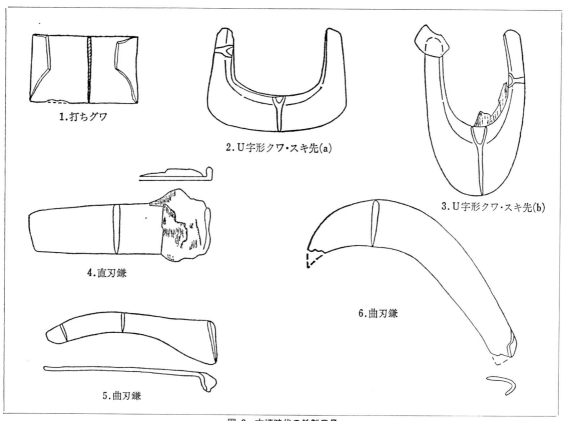

図2 古墳時代の鉄製農具

論じる前に，わが国における鉄生産の開始時期の問題を考えておこう。

鉄生産の開始時期は，弥生時代とする説もあるが，鉄滓の分析を精力的に進めている大澤正己氏は，古墳に供献されている鍛冶滓が製錬鉄滓に変わる6世紀後半に開始時期を求めている。しかし最近，北九州市潤崎遺跡の鉄滓の分析から，従来の見解よりも約1世紀遡らせ，鉄製錬の開始時期を5世紀中頃としている。そして，それ以前は炒鋼法による鉄素材を海外から搬入していたと考えている[13]。

最近，関東地方においても鉄鋌を出土した遺跡がある。それは千葉県南二重堀遺跡[14,15]と氷川神社北方遺跡（鈴木敏弘氏のご教授による）で，いずれも和泉期の竪穴住居跡からの出土である。5世紀代の鉄鋌には，今のところ国内産のものは見られないところから（大澤氏のご教授による），おそらく前記2遺跡の鉄鋌も中国か朝鮮産のものではないだろうか。関東地方の鍛冶遺構は鬼高期のものが最古であるが，これら鉄鋌の出土によって，鍛冶遺構は和泉期まで遡る可能性が高くなったといえよう。一方，古墳時代の製鉄炉は全国的に見ても数は極めて少なく，関東地方では現在のところ確認されていない。関東地方で製鉄炉が出現するのは奈良時代末で，9世紀後半から10世紀にかけて製鉄遺跡が急増するようである。

ここで，鉄製農具について見ていこう。まず，都出比呂志氏の研究を紹介しよう。弥生時代以来の木製農具の刃先は直線のクワが基本的であり，長方形鉄板を左右に折り返した鉄製打ちグワ（図2—1）もその伝統を保って，直線刃の形態をとっていた。しかし，5世紀中頃に朝鮮半島からU字形のクワ・スキがもたらされ，打ちグワという開墾土木用具だけでなく，スキに適した曲線刃（図2—2・3）の出現によって，耕作具にも鉄器化が進み純低湿地農耕から乾田・畑をも含む農耕へと飛躍した。また，この段階に直線刃の鎌（図2—4）に代わり，曲刃鎌（図2—5・6）も出現することや，イネの品質向上，ワラの利用などから，根刈りが開始されたと考えた。こうした鉄製農具の出現と普及が群集墳出現の原動力となっていったと評価した[16]。

関東地方においても，土井義夫氏の先駆的な業績がある。氏によると，関東地方では板状の刃先

69

からU字形のクワ・スキ先が出現するのは，畿内地方より遅れ，6世紀初頭頃になるという。当初はやはり刃先が直線状ないしはそれに近い形状を示し（図2-2），8世紀段階になって刃先が大きく曲線を描くもの（図2-3）が出現するという。そして，6世紀代の開墾では打ちグワ的要素の強いa類を重用し，その後の農業生産の発展のなかで，スキとしての機能を有するb類が盛んに用いられるようになったと考えた。鎌については，8世紀に曲線刃が出現・普及し，根刈りが普及したという[17]。また，古墳時代から平安時代までの鎌を型式分類した鶴間正昭氏も，8世紀前半に曲線刃の鎌が出現し，引くことによって切ったり刈ったりする鎌の特性からすれば，対象物が一定である場合には，湾曲しているということは極めて合理的であり，田植えを前提とした根刈りに対しても，より有効的であったと考え，やはりイネの根刈りが一般化したという[18]。

都出氏が述べているように，U字形のクワ・スキ先の出現は，耕地の飛躍的拡大とそれに伴う高い生産性をもたらしたことだろう。それとともに鉄製農具に関しては，どの段階でどのような所有形態をとっていたかも重要である。この研究に先鞭をつけたのが原島礼二氏である[19]。原島氏は住居跡出土の鉄製品を集成・分析し，5世紀まで農民は鉄製農具を所有することはできず，支配者からクワ・スキや鎌を借り，田を耕しイネを刈りとっていた。しかし，6世紀以降になると大家族のもとにまとめて鉄製農具が私有されるようになり，国分期になると各竪穴住居跡で私有するようになったという。その後原島氏は二度にわたり鉄製農具に関して論じている[20,21]。

U字形クワ・スキ先の出現する5世紀中頃は，大澤氏のいうところのわが国における鉄生産の開始時期であり，関東地方でそれが出現する6世紀は，小鍛冶遺構が出現する時期でもある。集落に小鍛冶遺構が存在し，鍛え直して使用できる鉄製農具の出土率が高くなるということは，原島氏のいうようにそれ以前まで支配者層の独占物であった鉄を，民衆が手に入れることができるようになったことを意味しよう。都出氏はU字形クワ・スキ先および曲刃鎌は，三国時代南鮮の古墳に類例があることから，横穴式石室の採用，須恵器や馬具の製作技術と同じ体系の一環としてもたらされたものであるといっている[22]。こうした鉄製農具の普及は，竈と同じく支配者層が関与していたものと考えられる。しかし，その目的がなんであれ，鉄製農具の普及は民衆の力を着実に高めていったことだけは確かであろう。

註
1) 高橋一夫「和泉・鬼高期の諸問題」『原始古代研究I』校倉書房，1975
2) 笹森健一『川崎（第3次）・長宮遺跡』埼玉県上福岡市教育委員会，1978
3) 谷井　彪『畑中遺跡』埼玉県美里村畑中遺跡調査会，1979
4) 笹森紀己子「かまど出現の背景」古代，72，1982
5) 堺市教育委員会『堺市文化財調査報告』16，1984
6) 福岡市教育委員会「西新町遺跡」福岡市高速鉄道関係埋蔵文化財調査報告II，1982
7) 福岡県教育委員会『塚堂遺跡』I～IV，1983・1984・1985
8) 大川　清「カマド小考」『落合』早稲田大学考古学研究室，1955
9) 西谷　正「加耶地域と北部九州」『大宰府古文化論叢』吉川弘文館，1983
10) 大林太良「芦刈以前―竈と夫婦・家族―」岩波講座日本考古学月報2，1985
11) 原島礼二「日本古代社会論」『現代歴史学の課題』上，青木書店，1971
12) 柿沼幹夫「甑形土器に関する一考察」埼玉考古，15，1976
13) 大澤正己「冶金学的見地からみた古代製鉄」『古代鉄生産の検討』古代を考える，36，1984
14) 伊藤智樹「千葉市南二重堀遺跡出土の鉄鋌について」たたら研究，25，1983
15) 伊藤智樹『南二重堀遺跡』千葉県文化財センター，1983
16) 都出比呂志「鉄製農具の二つの画期」考古学研究，13-3，1967
17) 土井義夫「関東地方における住居址出土の鉄製農具について」物質文化，18，1971
18) 鶴間正昭「武蔵国における鉄鎌の型式分類とその編年的予察」法政考古，10，1985
19) 原島礼二「七世紀における農民経営の変質」歴史評論，177・179・181，1965
20) 原島礼二「鉄資源の利用」古代の地方史，7，朝倉書店，1977
21) 原島礼二「日本古代の鉄」『古代鉄生産の検討』古代を考える，36，1984
22) 註16)に同じ

特集●古墳時代の社会と変革

文献からみた古墳時代の社会

前方後円墳の時代とも称される古墳時代の政治構造，社会構造は，どんな状況にあっただろうか。文献史学の立場から概説する

古墳時代の政治構造／古墳時代の社会構造

古墳時代の政治構造

成城短期大学助教授
篠川　賢
（しのかわ・けん）

国造制は磐井の乱後にまず西日本を中心に成立し，その後6世紀末にいたって東日本にも一挙に実施されたと考えられる

　古墳時代の政治構造を文献の方から概説するというのが，ここでの与えられた課題である。古墳時代をいかなる範囲で考えるかがまず問題となるが，それを前方後円墳の時代と言い換えてよければ，そのはじまりは3世紀後半から4世紀初頭の幅で考えてよいであろうし，そのおわりは6世紀末から7世紀初頭頃に求められるであろう。
　この時代の政治構造に関して，文献史学の側から研究の対象とされてきた問題としては，氏姓制・国造制・県主制・部民制・屯倉制などをおもなものとしてあげることができる。これらの問題については，個々に，そして相互の関連と全体的理解をめぐって，すでに豊富な研究史の蓄積があり，しかも，現在なお多くの学説が錯綜し，基本的事実認識においてすら，定説を得ていない状況にある。したがって，ここでそれらのすべてを取りあげることは，紙数の上からも，私の能力からいっても不可能であり，問題を国造制に限定し，それとのかかわりで他の制度についても若干言及することにしたい。

1　国造制の成立

　国造制の施行については，『古事記』の成務天皇段に「大国小国の国造を定め賜ひ，亦国国の堺，及大県小県の県主を定め賜ひき」とあり，

『日本書紀』の成務天皇5年9月条に「諸国に令して，国郡に造長を立て，県邑に稲置を置つ。並に盾矛を賜ひて表とす。則ち山河を隔ひて国県を分ち，阡陌に随ひて，邑里を定む」とある。『日本書紀』には「国造」の語はないが，「造長」とあるのが国造を指していることは明らかであろう。
　『古事記』『日本書紀』が国造制の成立を成務朝のこととしているのは，景行朝において全国平定（ヤマトタケルの熊襲・蝦夷征討や，景行天皇の九州・東国への巡幸など）が行なわれたとしたそのあとをうけて，成務朝に地方行政組織が整ったことを示そうとしたものと考えられ[1]，成務天皇の実在そのものが疑わしい[2]ことからも，それを史実とみることはできない。ただし，上の記事で注目できるのは，『古事記』も『日本書紀』も，国造の設置とその国の境界の画定を一連のものとしている点である。『常陸国風土記』の多珂郡条には，成務朝に多珂国造に任じられた建御狭日命が「久慈の堺の助河」をもって「道前」とし，「陸奥の国石城の郡の苦麻の村」を「道後」としたとあるが，この伝えにも，国造の任命が国の境界の画定をともなったものであることが示されているといえよう。また，『続日本紀』延暦10年（791）9月丙子条に記す凡直千継らの言上には，「千継らの

先，星直，訳語田朝庭の御世，国造の業を継ぎ，所部の堺を管す」とあり，ここでは，国造に任じられることが，定められた区域を管掌することであったとされているのである。

国造の国が国家の行政的目的のために二次的に編成された区画であるという点は，戦後まもなく発表された井上光貞氏の研究[3]ですでに強調されていたところであるが，最近改めてこの点が，国造制の成立の問題との関係で注目されてきている。すなわち，筑紫の磐井の乱鎮圧に関する継体紀22年（528）11月甲子条の記述に「遂に磐井を斬りて，果して疆場を定む」とあるのは，乱後この地に国造制が施行されたことを示すと説かれるのであり，また，『新撰姓氏録』摂津国皇別坂合部の条に「允恭天皇の御世，国境の標を造立す。因りて姓坂合部連を賜ふ」とあることから，坂合部連氏は国造の国の境界画定を職掌としたとし，坂合部の設置時期から考えて，国造制の成立は6世紀中葉以降に求められるとされるのである[4]。坂合部の問題については疑問もあるが，磐井の乱鎮圧の結果として「疆場を定む」とあるのは，乱後の処置としてこの地に国造制が実施されたことを示すとみてよいであろう。

また，崇峻紀2年（589）7月朔条には，「近江臣満を東山道の使に遣して，蝦夷の国の境を観しむ。宍人臣鴈を東海道の使に遣して，東の方の海に濱へる諸国の境を観しむ。阿倍臣を北陸道の使に遣して，越等の諸国の境を観しむ」とあるが，この記事についても，東山・東海・北陸道地域における国境の画定，すなわち国造制の実施を示す記事と解釈されているのである[5]。国造制の施行がその国の境界の画定と一体のものであったならば，これは当然認めてよい解釈であろうし，この記事からは，さらに，国造制が大王権力に服属した在地首長を国造に任ずることで漸次に拡大していったような制度ではなく，広範囲にわたって一斉に施行された制度であったこともうかがえると思う。断言はできないが，国造制は，磐井の乱後の6世紀中葉にまず西日本を範囲としてほぼ一斉に成立し，その後6世紀末にいたって，東日本にも一挙に実施されたと考えるのが，もっとも妥当なのではあるまいか。

一方，国造制成立の背景として，5世紀末以降の群集墳の造営などに示される在地の支配関係の動揺があったことは，石母田正・吉田晶氏らの説かれるところであるが，両氏はまた，朝鮮半島における軍事的緊張化が国造制成立の対外的契機として存在した点を強調されており[6]，この点も重要な指摘であると思う。欽明紀・敏達紀などにみえる初期の国造に関する記事からは，国造みずから朝鮮半島派遣軍の中に加わっていたことが知られるのであり，このことは，国造制が本来，対外的・軍事的目的をもって施行された制度であったことを示しているように思われる。

2　国造制の内容

上述のとおり，国造制は，中央権力によってその国の境界が画定されることで成立したと考えられるのであるが，境界の画定といっても，それは，国と国との境を線をもって画するような，厳密な意味での領域的行政区画の画定であったとは思われない。また，国造の任命と国境の画定が，在地における首長層相互の現実の支配・結合関係に基づいたものであったことも，容易に推定されるところである。国造制は，国造自身が一個の在地首長であると同時に，その国の内部に他の多くの自立的首長層をかかえていた点に，大きな特徴があったといえよう[7]。各地の古墳および古墳群の存在形態をみると，それらが律令制下の郷（里）に相当するような規模で一つのまとまりを持ち，さらに郡に相当するような範囲で大きなまとまりを持つ場合の多いことが指摘できるが，国造の国の範囲内には，そうした郡程度の規模でのまとまりがいくつか含まれるのが一般的であり，国の内部における首長層の関係は，複合的かつ重層的なものであったと推定されよう。

国造制の内容については，史料的制約もあり，不明な点が多いが，それを考察する史料がまったく存在しないというのではない。とくに，孝徳紀に記される東国「国司」らへの詔は重要な史料であり，そこには，「国司」に命じられた武器の収公が国造の手を通して行なわれたこと，国造が「官物」を管理していたこと，「国司」の上京に際して国造も上京し，その国造に対して「国司」の勤務状況が問われたこと，「国司」と国造の癒着が咎められたことなどが記されている。これらによれば，この時期の国造が地方行政の中心的存在であり，「国司」の任務も国造の協力のもとにはじめて可能であったことは明らかであろう。詔の一部に「若し名を求むる人有りて，元より国造・

72

伴造・県稲置に非ずして，輙く詐り訴へて言さまく，『我が祖の時より，此の官家を領り，是の郡県を治む』とまうさむは，汝等国司，詐の随に便く朝に牒すこと得じ。審に実の状を得て後に申すべし」とあるのは，国造が「官家」を領り，「郡県」を治めた地方行政官であったことを，端的に語る史料である。また，国造制が国の境界の画定をともなって成立したのであれば，このこと自体からも，国造が国内を統轄する行政官としての性格を持っていたことが考えられるであろう。

一方，斉明紀 5 年（659）是歳条には，出雲国造が意宇郡の「役丁」を差発して「神の宮」を修造したとあり，『常陸国風土記』行方郡条には，茨城国造壬生連麿が「役民」を使って「夜刀神」の谷を開発したとあるが，これらのことからは，国造が徭役賦課権を有していたことがうかがえるであろう。憲法十七条の第十二条に「国司・国造，百姓に斂らざれ。国に二の君非ず。民に両の主無し。率土の兆民は，王を以て主とす。所任る官司は，皆是王の臣なり。何にぞ敢へて公と，百姓に賦斂らむ」（推古紀 12 年 4 月戊辰条）とあるのも，国造が徭役賦課権をはじめとする徴税権を有していたがゆえの条文であると思う。さらに，国造が国内の裁判権・祭祀権を掌握していたであろうことも，のちの史料ではあるが，出雲国造が「斎内重刑を決せず」（『延喜式』巻 3，臨時祭寿詞条）という慣行を持っていたことや，天武朝の「大解除」（オホハラヘ）において国造が中心的役割を負わされていること（天武紀 5 年 8 月辛亥条，同 10 年 7 月丁酉条）などから推定されるところである。

国造制の内容についてのこれまでの研究をみても，国造が国内を統轄する地方行政官であり，徴税権・裁判権・祭祀権を合わせ持つ存在であったということでは，ほぼ共通した認識が得られているといえよう[8]。国造の持つこうした権限をさらに具体的に追求するためには，国造制と部民制・屯倉制・評制との関係，また国造と県主・稲置との関係などが明らかにされなければならないが，これらの問題については，依然として厳しい学説の対立がみられるのである。以下，そのすべてに言及することはできないが，国造制の内部構造と関連させて，少しばかり考えるところを述べておくことにしたい。

3 国造制と他の制度との関係

先に引用した東国「国司」らへの詔の記事からは，国造だけではなく，伴造（地方伴造）・県稲置もまた，「官家」を領り，「郡県」を治める存在であったことが知られるが，この点は，国造制と部民制・稲置制，さらに屯倉制との関係を考える上で重要である。まず，ここでいう「官家」（ミヤケ）は，国造・伴造・県稲置がそれぞれの「郡県」を治めるための拠点，すなわち地方「官衙」の意として用いられているが，実際には，それは彼らの居宅であったと考えられよう。ヤケは敷地と建物からなる一区画の施設そのものを指す語であるといわれており[9]，ミヤケをその敬称とみてよければ，国造・地方伴造・稲置に任じられる形で中央権力に組み込まれた在地首長の居宅は，すべてミヤケと呼ばれたのではないかと思う[10]。各地に設置された部集団のそれぞれに「屯倉」（ミヤケ）が置かれていたことは，大化 2 年（646）の「皇太子奏」（孝徳紀大化 2 年 3 月壬午条）からも知られるが，この場合の「屯倉」は，地方伴造の居宅を指すとみてよいであろう。ただし，「屯倉」の中には，「大和朝廷の直轄地に置かれた施設」としての性格を持つものも含まれており，屯倉制を，国造制・部民制・稲置制の中にすべて解消させてしまうことはできないと考える。

次に，国造の治める「郡県」と，伴造・県稲置の治める「郡県」との関係についてであるが，これは，それぞれが並列して存在していたのではなく，国造の国の内部に，伴造・県稲置の「郡県」が含まれていたとみるべきであろう。なぜならば，国造と稲置の関係でいえば，『隋書』倭国伝に「軍尼一百二十人有り，猶中国の牧宰のごとし。八十戸に一伊尼翼を置く，今の里長の如きなり。十伊尼翼は一軍尼に属す」とあるのが，国造と稲置の関係を述べたものと考えられることや，国造と稲置の同時設置を述べている成務紀の記事などから，それは行政的上下の関係にあったと考えられるからである。また，国造と地方伴造の関係についても，部の設置が国造の手を通して行なわれたという記事（允恭紀 11 年 3 月丙午条）が存在することなどから，国造制成立後は，国造が地方伴造を統轄したと推定できるからである。部民制は，中央におけるその成立過程を別にすれば，部族同盟段階にあった大王家を中心とする畿内の政

73

治権力が，各地の中小首長層とその支配下の集団を部とすることで，全国に拡大していった制度と考えられ[11]，国造制に先行して成立した制度といえるが，国造制成立後も部民制が存続・拡大したことは，その段階の中央権力が，なお部族同盟的性格を払拭しきれなかったことによるのであろう。

このように，国造の国の内部は，稲置によって治められる「郡県」と，地方伴造の治める「郡県」とに分かれていたと考えられるのであるが，稲置も地方伴造も，それぞれ一個の自立的首長であったことはほぼ間違いなく，ここでいう「郡県」は，具体的には彼らが直接支配する集団とその領域のことであったといえよう。両者の違いは，地方伴造が国造に統轄されながらも，中央権力を構成している個々の氏族・皇族に隷属していたのに対し，稲置は国造のもとでの行政官としての性格を有していたということであろう。稲置の管掌する行政区（行政区といっても，それは人間集団としての性格が強いが）は，「県稲置」とあることからすれば，「県」（コホリ）と呼ばれていた可能性が強く，『隋書』の記事内容から判断して，そこではすでに「戸」による編成がなされていた可能性も否定できないと思う[12]。ただし，部民制に編成されなかった在地首長層とその集団が，すべて稲置制に組み込まれたかどうかは疑問である。

稲置のコホリは評（コホリ）の原形になったと考えられるが，孝徳朝における評制の施行は，国造の国の内部に存在するすべての自立的首長層とその集団を，評という同一の行政組織に編成しようとしたところにその意義があったといえるのであり，評制は，基本的には部民制の廃止に対応する制度とみるべきであろう[13]。したがって，評制の施行により，地方伴造の多くは，稲置とともに評の官人に任じられていったと推定されるが，国造制は，それによって廃止されたのではなく，その後も，国造と評造の二段階の政治制度として存続したと考えられるのである。

4 おわりに

「古墳時代の政治構造」というテーマで，国造制について概観してきたが，これまでの叙述に明らかなとおり，国造制は前方後円墳の時代がおわりを迎える段階で成立した政治制度といえるのであり，与えられたテーマにはふさわしくない内容

になってしまった。この点，読者諸氏にお詫びしなければならないが，前方後円墳の時代における国造制の未成立を指摘することで，責任の一端をふさぐことができたのではないかとも思う。

なお，叙述が結論的にならざるを得なかったが，合わせて拙著[14]を参照していただければさいわいである。

註
1) 日本古典文学大系『日本書紀』上，318 頁，頭注6 参照
2) 津田左右吉『日本古典の研究』上，岩波書店，1948
   水野　祐『増訂日本古代王朝史論序説』小宮山書店，1954
   井上光貞『日本国家の起源』岩波書店，1960，以上を参照
3) 井上光貞「国造制の成立」史学雑誌，60—11，1951
4) 前田晴人「古代国家の境界祭祀とその地域性」続日本紀研究，215・216，1981
   平林章仁「国造制の成立について」竜谷史壇，83，1983
5) 平林章仁「前掲論文」
6) 石母田　正『日本の古代国家』岩波書店，1971
   吉田　晶『日本古代国家成立史論』東京大学出版会，1973
   同「古代国家の形成」『岩波講座 日本歴史』2 所収，1975
7) 石母田　正『前掲書』参照
8) 石母田　正『前掲書』
   平野邦雄「国県制論と族長の支配形態」『古代の日本』9 所収，角川書店，1971
   吉田　晶『前掲書』
   新野直吉『日本古代地方制度の研究』吉川弘文館，1974
   八木　充「国造制の構造」『岩波講座 日本歴史』2 所収，1975，以上を参照
9) 吉田　孝「律令制と村落」『岩波講座 日本歴史』3 所収，1976
10) 大山誠一「大化改新像の再構築」『古代史論叢』上巻所収，吉川弘文館，1978，参照
11) 吉田　晶『前掲書』
   同「大化前代の社会構造」『日本史を学ぶ』1 所収，有斐閣，1975，以上を参照
12) 石母田　正『前掲書』参照
13) 鎌田元一「評の成立と国造」日本史研究，176，1977
   大山誠一「前掲論文」，以上を参照
14) 篠川　賢『国造制の成立と展開』吉川弘文館，1985

古墳時代の社会構造
—家族・親族と氏—

千葉大学非常勤講師
義 江 明 子
（よしえ・あきこ）

氏は，「経営単位としての家族」の未熟性を基礎に，独得の
「血縁」観念で構成された，共同体首長層の族組織であった

1 通 説—擬制的同祖同族関係と
家父長制家族—

古墳時代の社会構造については，従来，次のように考えられてきた。

古墳は，それ以前の弥生墳丘墓とは異なり，隔絶性と画一性を特質とする，首長の墳墓形式である。3世紀末〜4世紀初頭の古墳時代の幕開けの背景には，共同体相互間の広範な政治連合の成立がある。そして，古墳が首長霊の共同祭祀の場と考えられることから，その隔絶性と画一性は，連合下の首長層（共同体の共同性を体現して支配者へと転じつつある）相互の，擬制的同祖同族関係に基づく祭祀儀礼の共通性の表現，と考えられる[1]。5世紀後半を画期として，支配者としての性格を露わにした首長層は，擬制的同族関係の強化を通じて，ヤマトの王権への直接的結集を遂げていく。

一方，6世紀以降の群集墳の盛行は，共同体内の単位集団（家父長的世帯共同体）の自立を背景に，有力家父長層が自らの家族墓として小古墳を営造しはじめたことによる，と考えられ，こうした家族を8世紀の籍帳にみられる郷戸・房戸の概念でとらえる試みもなされてきた[2]。また，王権を中心とする政治的秩序の表示という古墳の基本的性格をふまえて，たんなる家族ごとの営墓ではなく，有力家父長層をも組み込んだ擬制的同族関係の広がりの表現[3]，あるいは，軍事集団への編成に対応するもの[4] として，群集墳をとらえる見解もある。

考古学研究からする古墳時代の社会構造についての通説は，ほぼ以上のようにまとめられよう[5]。

ところで，近年，文献よりする古代の家族・親族をめぐる研究の進展には著るしいものがある。それは主として関係史料の豊富になる7・8世紀以降を対象とするものではあるが，そこで明らかになってきた諸点をふまえて考えると，以上に述べたような，3世紀末からの擬制的同祖同族関係

の形成，6世紀における家父長制家族の自立，という通説には，いずれも疑問を抱かざるを得ないのである。以下，文献の側からする，この時代の家族と親族組織についての私見を述べてみたい。

2 「経営単位としての家族」の未熟性

さて，古墳時代の家族形態を同時代史料によって直接に把握することは，ほとんど不可能に近く，多くは8世紀の史料からの逆源的類推にとどまらざるを得ない。それ故に考古資料の解釈が重要な意味を持つのである。しかし，文献史料から最低限どれだけのことがいえるか，いえないか，を明確にしておくことは，群集墳や集落遺跡の構造を理解する上でも重要な手がかりとなろう。

古代の家族構成を具体的に示すものとしては，正倉院に残された702年（大宝2）から8世紀半ばにかけての戸籍・計帳類があげられる[6]。そこには，戸主を中心に傍系親族や寄口をも含む平均20名前後の大家族（郷戸）の姿が記録され，721年（養老5）以降は，その内部に2〜3戸の房戸の記載もみられる。しかし，籍帳から当時の家族構成を考えるに際しては，その史料的性格をめぐる次のような研究成果に留意する必要がある。

まず第一に，「戸」は律令的な負担単位たることを眼目として行政的に設定されたものであり[7]，そのまま家族の実態を示すものではない。第二に，「戸」は戸主—嫡子を中心とする父系的原理で編成されているが，現実の社会慣行としては妻妾の別も嫡庶の別もともに未成立であり[8]，家族の紐帯は父系で貫かれてはいなかった。籍帳に記載された家族の姿には，上記の2点よりする強い擬制が働いているのである。まして，6〜7世紀の群集墳の造営主体や集落内の単位グループに郷戸・房戸概念を直接に適用することには，きわめて慎重でなければなるまい。

それでは，この当時の実態としての家族や親族はいかなる内容を持つのか。婚姻形態と経営の側

面からみてみよう。

『万葉集』などをみると，男性が複数の女性のもとにかなりに長期（あるいは生涯）にわたって通う妻問い婚（別居婚）が広汎に存在していたことがしられる。離婚は容易で，女性も一生涯の間には複数の男性との婚姻関係を持つのが普通であり，同時に複数の男性を通わせることもあり得た。籍帳の分析からは，婚姻開始後10年前後を経て，夫婦関係が安定したところで同居に移行したらしい傾向が読みとれる[9]。それまでは子供は母方で育つ。同居には，男性が妻子をひきとる夫方居住，妻問い先にそのまま居つく妻方居住，どちらでもない新処居住があり，社会的規範としての婚姻居住規定は確立していなかった。そこには，双方的親族関係はあっても，何らかの厳格な規律をもった親族組織の存在は想定しにくい。『古事記』『日本書紀』をみると，父系・母系をとわない近親婚・異世代婚の事例が数多くみられ，単系出自集団の存在はみとめられない。

以上に述べた，別居婚の広範な存在と容易な離婚，婚姻居住規定のルーズさ，父系紐帯の弱さという特色は，当時の家族的結合が，相当に多面的で流動的であったことをうかがわせる。庶民の場合には同里（50戸）内での通婚が普通であった[10]から，こうした婚姻形態のもとでも，双方的親族関係と共同体の機能を支えとして，生産活動の遂行にさほどの支障はなかったであろう。しかし，家族が一つの経営単位としてのまとまりを持って安定的に存続していくことは困難であった。

当時の経営のあり方としては，豪族層でも夫と妻の寄り合い世帯的要素が強く，父と子は別経営であったことが指摘されている[11]。また庶民層においても，6歳以上の男女に対する口分田班給，成人男女個々人への出挙など，成人男子を対象として夫婦単位での班田・出挙を行なう中国の制度と比較すると，「経営単位としての家族」の未熟性が大きな特色として浮かび上がる[12]。家父長制家族を，共同体的所有を打破する私有の主体として歴史上のある段階で成立する「経営単位としての家族」の主要な形態であり，家父長による家族員と隷属民の支配を特質とする，とするならば，文献からみる限り，その成立は9世紀以降にもとめられるのである。考古学の成果からも確認できる，6〜8世紀を通じて共同体の中に芽生えつつある私有の要素と家族的結合を，ただちに家父長

制家族の成立として考えるのではなく，多面的で流動的な家族的結合が次第にその不安定性を克服しつつ経営単位としての機能を強めていく過程としてとらえ直す必要があろう[13]。

上述のように，家族構成と併せて隷属民に対する支配も，家父長制の主要なメルクマールの一つである。この隷属民の問題を奴婢所有を例として考えてみると[14]，8世紀前半の財産相続法（戸令応分条）によれば，奴婢の究極の所有主体は氏である。戸籍記載においても，奴婢は有力な個人（氏の成員）の所有として記されており，戸単位の所有物である中国とは明瞭な相違をみせている。また，人身売買を禁止し奴婢身分の確定を図る法令が7世紀末に相次いで出されるが，そこでは「父母」による売買が問題とされ（『日本書紀』持統5年3月詔），「氏祖」による奴婢解放を尊重すべきことが命じられている（同4月詔）。共同体内の私有の芽生えが債務による人身売買を生み出しているのだが，それは家父長制家族の成立に直結するものではないのである。

ここにいう氏が，すなわち，1章で述べたところの擬制的同祖同族関係の具体的な姿に他ならない。古墳時代の社会構造を解明するためには，氏の特質の解明が必須の課題とされる所以である。

3 氏の形成と展開—祖子観念をめぐって—

平群氏・紀氏・息長氏といった日本古代の氏は，いわゆる氏族（クラン）とは異なり，社会の全成員におよぶ組織ではない。「氏氏の人等」に官位を叙ける（『日本書紀』大化2年8月癸酉条）とあることからもしられるように，氏はもっぱら支配層のものであった。一般の共同体成員は，2章で述べたように流動的な家族構成をとっており，一定の出自規則に基づく明確な親族組織は形成されていなかったと考えられる。そうした中にあって，氏は，共同体の首長層が大王を中心に結集した政治組織であるとともに，文献でしられる限りでの唯一の明確な親族組織でもある。『常陸国風土記』に6世紀前半のこととして記される麻多智伝承では，夜刀神（ヘビを神体とする自然神）を山上に祀り上げ開発をすすめた首長が，とくに「箭括氏麻多智」としてその名を語り伝えられている。麻多智は，他の共同体首長層とともに構成する箭括氏の一員として王権に奉仕し，そのことを通じて首長＝祝の地位を世襲的に子孫に伝えてい

くことを可能にしたのである。

　氏の親族組織としての特質を明らかにする上で確実な手がかりとなるのは，金石文などに記された古系譜である。その場合，古さと同時代性からいって第一にとり上げられるべきは，辛亥年(471)の年紀を有する稲荷山古墳出土鉄剣銘文であろう。そこには「上祖オホヒコ」から始まって雄略天皇に杖刀人首として仕えた「ヲワケ臣」に及ぶ8代の系譜が記されている。これは従来，父系出自集団の存在を示す最古の確実な史料と考えられてきた。しかしはたしてそうだろうか。

　7世紀以前の古系譜は，そこに表現されたオヤコ観念の相違によって，明確に二つのタイプにわけられる[15]。その一つは，王権に奉仕するある地位の継承の次第を，始祖から「其児○○―其児○○」として一系的に記すものであり，他の一つは，父方母方双方からの重層的な血の流れを，「娶して生む児」という文言でつながれた婚姻・親子関係の連鎖によって表わす。後者との対比によって考えるならば，前者の「祖―児」は直接の親子関係を意味せず，集団の始祖(を体現する族長)と成員との関係を示しているのである。『万葉集』の歌でも，ある古墳に葬られている(と信じられている)大来目主を神祖と仰ぐ大伴氏と佐伯氏は，その「祖の子等」として結集し，「祖の名絶たず大君に奉仕ふもの」と自らを詠い上げている(4094番・4096番)。杖刀人首としての奉仕の由来を記す鉄剣銘文は，こうした祖子観念による系譜の一典型である。

　一方，7世紀前半ごろの成立と推定される『釈日本紀』所引「上宮記」逸文系譜には，「ホムツワケ王，クヒマタナカツヒコ女子オトヒメマワカを娶して生む児，ワカノケフタマタ王……」という形で継体天皇の父方母方双方の祖がつぎつぎに記されている。また，7世紀後半の東国の小豪族の系譜関係を示す「山ノ上碑」でも，建立者の長利僧は，健守命孫黒売刀自が斯多々弥足尼孫大児臣に「娶して生む児」とされる。いずれも，1人の始祖から裾広がりに広がるのではなく，複数の祖を連ねつつ個人へと収れんする形をとるのが特色である。こうした「娶生児」の形式の系譜は，ある個人が父方母方双方の複数の集団に深く関わる存在であることを示す。ここに見られる両属的な集団構成は，2章で述べたような婚姻形態・家族形態の特質によく対応しているといえよう。

群馬県山ノ上碑

　双方的親族関係に基礎をおく両属的集団構成は，それだけでは錯綜したきわめてまとまりのないものとならざるを得ない。これに集団としてのまとまりと永続性を与えるのが，先に述べた祖―子(児)観念である。古代の「コ」には，本来，集団の成員全体を意味するコと，血縁の親子関係を意味するコの両義が存した。二つの系譜形式は，二つのオヤコ観念の表われであり，親族組織としての氏は，両者の統一よりなる独得の「血縁」観念に支えられていたのである。出自集団を，1人の始祖からある出自規則(母系 or 父系 or 撰択)に沿って裾広がりにたどられる子孫によって構成されるものとするならば，7世紀以前の氏は，「血縁」組織ではあるが，出自集団ではなかった。

　稲荷山鉄剣銘文には，族長の称号と源初的なカバネのみで，集団の社会的表示名としての氏名はまだみられないので，この頃が氏の形成の端緒段階であったと考えられる。一方，1章で述べたように，この5世紀後半という時期は，共同体の共同性を体現した呪術的祭祀的首長から明確な政治的軍事的支配者としての首長へと，古墳の被葬者の性格が変化する大きな画期であった。この変化は，彼らが，永続的親族組織(＝氏)に自らを編成し，この組織を通じて王権に結集していく動きにつながっていたのである。それは同時に，大来目主―久米の子[16]という，本来は共同体の共同性の表現そのものとしてあった「コ」観念が，首長層の構成する氏の始祖と氏人をつなぐ「祖子」観念

77

へと転化する過程でもあった。前期古墳における首長霊祭祀の意味は，血縁観念とは切り離してとらえられるべきであろう。

氏（ウヂ）は，その本来の骨格のうちに，このように首長の共同体支配の機能を含み込んで成り立っている。その故に，それは，首長層の親族組織にしてかつ政治組織として発展し，家族的結合の芽生えによる共同体内の新しい動きをも結集していく核となり得たのであった。

以上にみてきたように，古墳時代の明確な親族組織として把握されるのは，首長層（ウヂ）の氏である。では，氏（ウヂ）形成以前の，また一般共同体成員の集団原理にはどのような特色がみられるのか。それを考える上で有力な手がかりとなるのは親族名称体系である。

古代の親族名称体系については，近年の研究により，双方的親族関係で結びついた小家族に適合的な体系であること，何らかの単系出自集団の一般的存在をうかがわせる特質は見出せないこと，が明らかにされている[17]。すなわち，チチ・ハハとヲヂ・ヲバ，またコとヲヒ・メヒというように，同世代の中での直系・傍系の区別があり，さらに上世代はオホチ・オホハ，下世代はヒコ……とたどられる。しかし，例えば，父方ヲヂと母方ヲヂを区別する固有の名称は存在せず，兄弟の男子と姉妹の男子も同じくヲヒであって何ら区別されないのである。

また，こうしたごく身近な家族・親族をさし示す基幹的名称以外の，広範な範囲の親族のあれこれを区別して指示する名称はほとんど発達していなかった。傍系の最遠の親族名称はイトコであり，しかもイトコ（愛子）が親しい仲間を意味する古来の用法から，父母の兄弟姉妹の子として，すなわち現在的用法での血縁のイトコそのものをさす称へと転化するのは，7世紀後半ごろと推定されている[18]。さきに古代の氏（ウヂ）を支える二つの系譜観念の存在を明らかにしたが，古系譜の総合的分析によれば，この二つが統合されて文字通りの血縁をたどる裾広がりの出自系譜が形成されはじめるのもこの頃である。

一般に，親族名称体系は社会の基層に成立の基盤を持ち，容易なことでは変化しない。したがって，親族名称体系の上記の特色は，支配層・被支配層をとわず日本の古代社会を貫く親族原理を示すものといえるのである。逆にいえば，その変化

は，社会の集団構成の根底に関わる長期の変動の結果とみることができよう。その意味で注目されるのは，性別原理に由来する男称・女称の別，すなわち，男性からみた父母・兄弟姉妹の称と女性からみたそれとの区別などが，8世紀には消滅への方向をみせていること，および上記のイトコ名称の意味の変化である。これらは，集団全体を一つの単位とする社会構成から，家族的結合を単位とする構成へのゆるやかな変化を示唆する。古墳時代はその転換期にあたり，成員全体を包摂するような「コ」観念と身近な双方的な血縁観念を基礎に，新たな集団構成原理が模索されつつある過渡期だったのではないだろうか。

註

1) 近藤義郎『前方後円墳の時代』岩波書店，1983

2) 和島誠一「古墳文化の変質」岩波講座『日本歴史』古代2所収，1962

3) 白石太一郎「畿内の後期大型群集墳に関する一試考」古代学研究，42・43，1966

4) 門脇禎二・甘粕 健『体系日本歴史1　古代専制国家』日本評論社，1967

5) 『日本歴史大系1　原始・古代』山川出版社，1984　渡辺貞幸「古墳の出現と展開」『新編日本史研究入門』東大出版会，1982

6) 『寧楽遺文』上巻または『大日本古文書』編年1

7) 安良城盛昭「班田農民の存在形態と古代籍帳の分析方法」『歴史学における理論と実証Ⅰ』所収，御茶の水書房，1969

8) 関口裕子「律令国家における嫡庶子制について」日本史研究，105，1969　同「律令国家における嫡妻・妾制について」史学雑誌，81-1，1972

9) 伊東すみ子「奈良時代の婚姻についての一考察（二）」国家学会雑誌，73-1，1960

10) 『令集解』戸令結婚条

11) 吉田 孝『律令国家と古代の社会』Ⅲ章，岩波書店，1983

12) 関口裕子「古代における日本と中国の所有・家族形態の相違について」『日本女性史』第1巻所収，東大出版会，1982

13) 拙稿「古代の氏と共同体および家族」歴史評論，428，1985

14) 拙著『日本古代の氏の構造』第1編「氏と奴婢所有」吉川弘文館，1986

15) 『同上』第3編「氏と系譜」

16) 『日本書紀』神武即位前紀戊午年十月癸巳条など

17) 明石一紀「日本古代家族研究序説」歴史評論，347，1979

18) 同上「続・日本古代の親族名称」『民衆運動と差別・女性』所収，雄山閣，1985

●最近の発掘から

古墳時代後期の集落跡——群馬県黒井峯・西組遺跡

石井克己 子持村教育委員会

　昭和60年12月より61年3月にかけて実施した群馬県北群馬郡子持村黒井峯および西組遺跡は，古墳時代後期（6世紀後半）の畠作を中心とした集落と生産遺跡である。遺跡の大きな特色は，厚さ2mの火山軽石によって古墳時代の地表面を完全に覆い尽くし，遺構の保存状態が極めて高い点にある。この結果，古墳時代の地表面に存在するさまざまな遺構や痕跡を細部にわたって調査することができ，従来考えられていた集落の景観をより正確に復原できるものとして注目を集めた遺跡である。

1　遺跡の位置と環境

　子持村は利根川と吾妻川に挟まれた地域で，渋川市の北に隣接している。遺跡は標高約252mの河岸段丘上にあり，その範囲は黒井峯遺跡で約160,000m²を，西組遺跡で80,000m²の広がりを持つ。この段丘上にはすでに細石核，縄文時代早期撚糸文・前期・後期・晩期，弥生時代中期・後期，古墳時代前期〜後期の分布がみられるが，多くは厚く堆積した軽石層のために遺跡の確認は極めて難しい。

2　調査の経緯

　遺跡調査のきっかけは，昭和57年3月に軽量ブロックなどの骨材利用として，遺跡の西端部約40,000m²の軽石採取が実施され，軽石下より古墳様の高まりと大小の凹地を確認したことからである。調査は群馬県教育委員会の派遣で行なわれ，縄文前期の竪穴住居，古墳時代の墳墓・竪穴住居を発掘し，とくに古墳時代の遺構は保存状態がよいことと軽石降下直前に埋没が進行していたものであることが判明した。

　そして古墳時代集落の中心部が東に想定されることを指摘し，これをうけ翌58年より3ヵ年計画で中心部の約80,000m²の確認調査を子持村教育委員会で実施した。確認方法は地下レーダ探査を用いた。その結果墳墓様の高まりはなく，竪穴住居と推定される凹みを110ヵ所確認し，内4地点をトレンチ調査で検証したところ，自然埋没の進んだ竪穴住居であったことを裏づけた。このような中で昭和60年11月より約12,000m²の軽石採取計画が予定されたため，工事に併行して発掘調査を12月2日より翌3月31日まで約7,000m²実施した。

3　遺　構

　本遺跡における基本土層は，浅間B軽石を含む耕作土（30cm），6世紀後半の榛名山二ツ岳降下軽石層（2m），6世紀前半の榛名山二ツ岳降下火山灰層（10cm），黒褐色土（2cm），褐色粘質土（有馬火山灰層？　2cm），浅間C軽石を含む黒褐色土（10cm），黒色土（20cm），ローム層の順となる。このため，火山噴出物の堆積面を調査することによって，遺構の同時性，生活空間の繋りを土器以上に把握することができる。今回，調査の主目的は軽石下に限定されたが，6世紀前半から後半にかけて形成された遺構を中心としている。

　調査はレーダー探査で確認している15基の凹地を主に行なったが，軽石除去後の生活面の肉眼観察では凹地が37ヵ所，畠約9ヵ所，道，祭祀跡2，平地住居4，うね状遺構，庭状遺構などを確認した。これらの中からとくに，1軒の生活空間のまとまりと推定されるグループについて述べていきたい。

　範囲は約1,000m²程度で，東を幅30cm，高さ30cmのうね状遺構が東西を区分し，西を凹地と幅80cmの道，北を自然の傾斜地と凹地によって挟まれた区域である。この中に存在する遺構は，竪穴住居1棟，平地住居2棟，庭状遺構，小区画に区切られた畠2面，小型の祭祀遺構1が検出されている。

　竪穴住居跡　主屋と考えられる竪穴住居は，長さ約6mで，周堤帯を含めると一辺約10mの大きさとなる。深さは約1.5mを測る。周堤帯は，幅約2mで全周し，とくに南側は入口施設との関連から一段高く盛り上げられている。断面での形状は，南辺がなだらかに外へ移行していくものと幅30cmのテラスをもつものに区分される。盛り方は，版築などを施したものでなく，ただ竪穴を掘る過程で順次盛り上げ，表面を踏み固めているだけである。なお周堤上には，小ピット列が住居プランに沿っており，壁を構成する柱の痕跡と考えられる。

　竪穴内部は，4本柱でカマドを東壁中央やや南に，貯蔵穴は南西隅に位置している。カマドは，袖部にローム層の掘り残しを用い，壁体を植物繊維混入の灰白色粘土で作り，煙道は竪穴の壁をわずか切り込み垂直に上っている。煙道先端は周堤よりやや高く，床面から約150cmを測る。竪穴の壁面は，明瞭に鋤痕を残し，この表面を覆うように網代（植物は不明）が巡らされている。網代

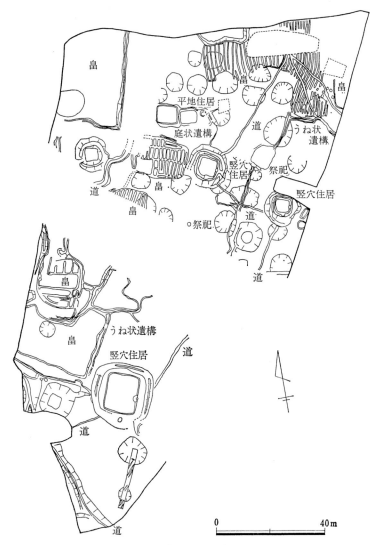

硬化面が約 50m² ほど広がり，一部焼土の範囲が認められる。

畠 広さ100数 m² で不規則な碁盤の目に近い区画（1×2m）がみられ，硬度計の測定からも溝内が堅く，畝部が極めて柔らかい状態であった。畝部の精査からは植物などの痕跡はみられず，何を栽培していたか不明であるが，プラントオパール分析結果ではイネが検出されている。なお，一部のみの調査であるが小ピット列が確認されており，柵列が存在したと考えられる。他の1面も同じ形態である。

祭祀遺構 竪穴住居のほぼ南に径2m のドーナツ状の土盛りがあり，調査の結果ドーナツの中心部は径 30cm 程度の立木の痕跡で，その周囲に土師坏・甕・臼玉が置かれ，土をかぶせた祭祀であることが判明している。

以上の遺構が1単位の中に存在するもので，軽石に埋没した同時期の他の竪穴住居2軒も部分的調査から同じ傾向を持っていると推定される。さらにこの単位は，調査区内に存在する廃棄され埋没が始まった竪穴住居，5×4m の土盛りされた祭祀跡，畝をたてた畠，畝のない畠など多くの遺構と密接な関連がみられ，より複雑化した集落の実態が窺われる。

黒井峯遺跡全体図

は上端で周堤下に潜り，壁面のみの保護と考えられる。

出土遺物はわずか土師の塊形が1点と自然礫，骨片を検出したのみで多くは持ち去られていると推定される。なお，骨については人間か動物かは現在のところ不明である。

平地住居 東西方向に2棟続き検出されている。土間を基本としたもので，西側に存在する1棟は大きさ約 5×4m の隅丸長方形プランを呈する。厚さ 10cm 前後の板壁構造で，入口を南側中央に設けている。内部には東壁と北壁に沿って幅約1m の寝太の圧痕が残され，西壁にカマドが設置されている。南西コーナー部には土師甕6個体が据えられており，居住空間としての性格が強い。他の1棟については内部施設はみられず，構造的に西側と較べると粗雑な壁であると考えられる。

庭状遺構 竪穴住居，平地住居，畠に囲まれた範囲で

4　西組遺跡

黒井峯遺跡の北，約 200m，谷を隔てた位置に西組遺跡が存在する。この遺跡も軽石採取で昭和 61 年1月から3月まで併行して調査を実施した。時期も軽石降下直前の6世紀後半代で，ミニ水田，畠，道，竪穴住居，平地住居，掘立柱建物，柵列などを検出している。ここでの調査は軽石上で建物の位置を，軽石層の断面からその構造を追求することに主眼を置いた。

その結果，軽石降下の前半では屋根は崩れず，後半段階で崩壊し陥没を引き起こしていることがわかった。さらに，軽石下の地表面調査で，これら建物を取り囲む柵列が検出され，約 2,000m² を区画している。建物は，プラン長方形の平地住居5棟，円形の平地住居3棟，掘立柱建物2棟で構成されている。この遺跡も中心部でなく，台地の西端に位置し，特異な性格をもっている。

畠作を中心とした集落跡
群馬県黒井峯遺跡
西組遺跡

黒井峯遺跡

昭和60年12月から調査が行なわれた群馬県子持村の黒井峯遺跡は、6世紀後半頃、榛名山二ツ岳の爆発によって降り積った軽石下に保護されていた。当時の人間にとっては大災害であったが、遺跡保存には抜群の効果をもたらした。

▼竪穴住居を除く1軒の単位
左隅の竪穴は廃棄されたもの。

▶平地住居の検出状態
建物の北の凹凸は雑草でも生えていたものか、庭と比較すると明瞭な違いがある。

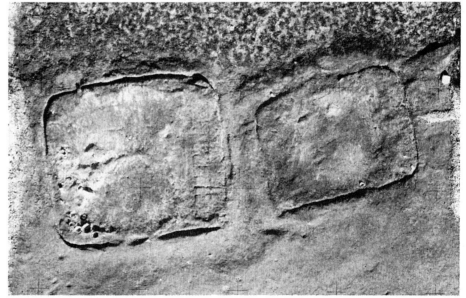

構　成／石井克己
写真提供／子持村教育委員会

大型の竪穴住居と周堤帯

平地住居と軽石断面

群馬県西組遺跡

柵列

柵列

西組遺跡は黒井峯遺跡の北にある。柵に囲まれた家屋群と周囲にひしめく畠や竪穴住居はどのような性格の集落だったのか

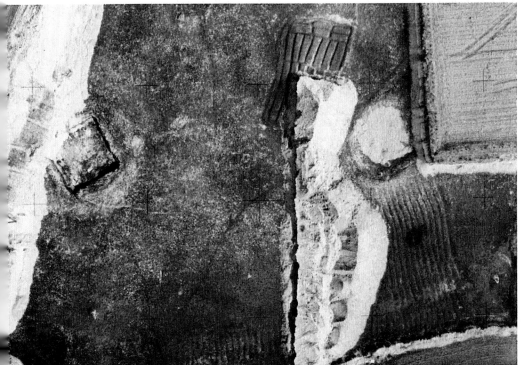

南側傾斜面に展開する畠と道,そして埋没の始まった竪穴住居。

盾・馬具などが出土した
大阪府御獅子塚古墳

豊中市の桜塚古墳群の1つである御獅子塚古墳で，豊中市教育委員会による発掘調査が行なわれ，全長55mをはかる2段築成の前方後円墳であることがわかった。1段目斜面には葺石がなく，2段目斜面のみ使用している。後円部墳頂で主体部が検出されたが，墓壙の長さ6.7mで粘土槨でおおわれた割竹形木棺を備えていた。副葬品は棺内に短甲，獣文鏡，剣・刀，玉類，農工具類，鉄鏃など，棺外にはおそらく革質と思われる盾2面と馬具があった。古墳の築造時期は5世紀中頃に比定されるが，第1主体部は若干の開きがあって，5世紀後半代に推定される。

　　　　構　成／柳本照男
　　　　写真提供／豊中市教育委員会

主体部検出状態
盗掘されていたものの，遺物の配列状態がよくわかる例であろう。

短甲，剣，鏡出土状態
鏡の横の黒い部分は頭骨片，鏡の上面には奥歯が残存していた。

大阪府御獅子塚古墳

小札鋲留衝角付冑
三角板鋲留短甲内に納められていたもので、4段の板錣を伴っている。

馬具検出状態
鞍が後方に倒れた状態がうかがえる。後輪の鞍の座金具のみ金銅張りである。心葉形杏葉は古い時期の馬具の中では珍しい例であろう。

盾，農工具，鉄鎌出土状態
とくに盾がこれほど完全に検出されたのは珍しいし、また木枠の痕跡が明らかになったこともまれであろう。

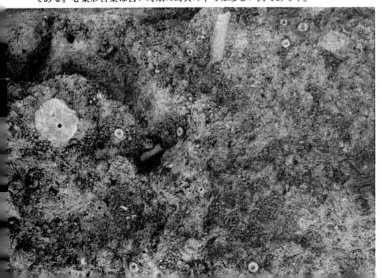

玉類出土状態
とくに有孔円板が棺内で出土したことは興味をひくであろう。

● 最近の発掘から

革盾を出土した古墳————大阪府御獅子塚古墳
おししづか

柳 本 照 男 　豊中市教育委員会

御獅子塚古墳は豊中市南桜塚2丁目 2−1 番地に所在し，昭和 58 年春に調査した大塚古墳の南側に位置している。当古墳は大阪北部では有数の桜塚古墳群を構成している1古墳である。桜塚古墳群は明治の絵図の残存により，その形状と分布を窺い知ることができる。それによると全体で 36 墳存在し，前方後円墳が数基，方墳が1基，あとは円墳が占め，そのほとんどが周濠を有している。分布は大きく西群と東群に二分されるが，御獅子塚古墳は東群に含まれる。東群は昭和 10 年代に土地区画整理事業の波にのまれ，狐塚・北天平塚・南天平塚の諸古墳が調査され，狐塚古墳から盾が出土したことは周知の事実である。

今回の調査は 史跡公園計画の 一環 として，古墳の形状，規模，主体部の確認などを主眼に実施したものであるが，後円部墳頂で削平ならびに盗掘を受けながらも残存 している 主体部を検出した。残存状況は良好 ではなく，盗掘壙壁に短甲や玉類が露出している状況であったので緊急性と重要度を重んじ実施したものである。

1　古墳の形状および規模

調査前の状況は東側が道路でカットされ，くびれ部が大きく抉られ，後円部西側は小学校の 体育館建設で削除，墳頂は平坦に削平されているなど大変損壊されているが，前方後円墳の形状は呈していた。したがって墳丘の要所にトレンチを設定し，状態を把握するよう努めた。

その結果，ほぼ全体の 形状と規模を知ることができた。全長は 55 m，周濠を含めると 70 m，後円部径 35 m，高さ 4 m，前方部幅 40 m，高さ 3.5 m，周濠幅 7 m，深さ後円部側で 0.7 m の南面する 2 段築成の前方後円墳である。2 段目のテラス幅は 2 m である。1 段目斜面には葺石はなく，2 段目斜面のみ使用するという特異なものである。後円部側では葺石の遺存度は良好ではなく崩落しているのがほとんどであったが，くびれ部西側においては上方が崩落しているものの良好な状態で検出できた。葺石はこぶし大よりやや大きめの石が多く使用されていた。基石はそれより大きめの石を使用し長軸を横方向にとり，前方部側で2段，後円部側で3段整然と並べていた。作業単位とみられる縦方向の明確な石列は検出できなかった。

埴輪はくびれ部西側を例にとると円筒埴輪，朝顔形埴輪，形象埴輪が出土している。円筒埴輪，朝顔形埴輪の底径はほぼ同じで 18 cm を測る。7 本に1本の割合で朝顔形埴輪が配される。須恵質の埴輪を若干含み，赤色顔料が塗布されているものがみられる。調整は横方向のハケが顕著である。形象埴輪は墳頂でも 出土し，家，蓋，靫および動物埴輪の一部とみられるものがある。本ゆぎ来は後円部墳頂に囲繞されていたものとみられる。埴輪の樹立はテラスの外側の位置で掘りかたをもち，密に並べている。1 段目タガ付近まで埋めてあったと想定されるが，極端に浅いもの，また深いものも若干みうけられた。

濠は 地山を削って形づくっているが，後円部側が深く，前方部が浅くみとめられる。築造前の地形でも後円部側が高く，前方部側が低いことなどからも影響しているものとみられる。墳丘においても1段目斜面途中まで地山であることから地山を削って形づくっている。

2　主体部

後円部墳頂で検出した。墳頂は中央部が南北方向に走る後世の大溝などにより掘削されていた。また墳頂部は前述したように平坦に削平されていることなどとあわせ主体部はすでに削除されているものとみられたが，大溝を掘り上げた底面で盗掘壙の輪郭を検出し，精査してみると削除されつつも残存している主体部を確認した。

墓壙の長さ 6.7 m，幅 2.5 m（推定）で棺の構造は割竹形木棺で身と蓋を鎹で留め，その部分のみ良質の粘土かすがいを貼る簡略化した粘土槨である。棺の長さは 5.2 m，幅は北側で 85 cm，南側で 65 cm を測り，北側を高く設計している。遺骸は棺中央より北側の位置に安置されていることが鏡の影響で頭骨片と歯が残存していることより窺い知ることができる。性別は今のところ明確にしがたいので不明としておく。

出土遺物は棺内と棺外から出土している。棺内のものを北側から列挙すると，短甲が内部に冑と頸甲を納めた状態で置かれ，ついで頭上にあたる位置で鹿角装の剣を横方向に，顔の左側には布で包んだ鏡（獣文鏡）を，両脇には剣と刀を，足元には玉類を散りばめ，その南側に農工具類，鉄鏃と，それぞれ置かれていた。棺外では北側半分が削平されていたためか遺物は全くなく，南側で盾 2 面と馬具が納められていた。これらの遺物の中で短

85

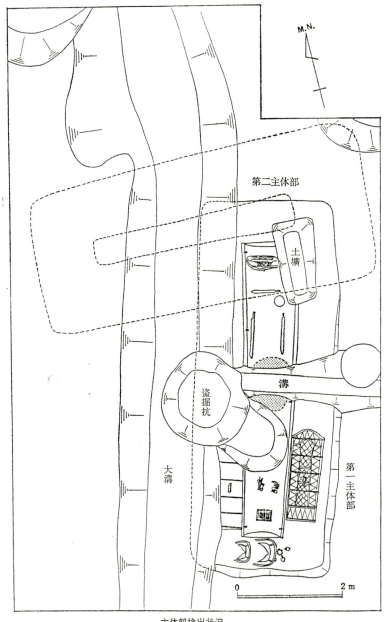

主体部検出状況

甲は三角板鋲留短甲であるが構成は9段という特異なもので、地板も通有のものに比べて小さいものである。開閉は前胴両開きである。冑は小札鋲留衝角付冑で三尾鉄も残存していた。これらの甲冑が頸甲と共に納められていたことは甲冑のセット関係を知るうえで好資料であろう。

また玉類においては勾玉、管玉、ガラス玉、臼玉にくわえて有孔円板などが含まれている点で興味を引く。農工具は鍬先？（手鎌）、斧、曲刃鎌、ノミなどで、全体的に小ぶりで、とくに鉄斧などは小さいものである。鉄鏃は長頸式のもので長さは約18cmである。農工具類

の周辺に小さい漆膜が残存しており、矢柄に塗られた漆であることが想定され、長さもほぼ推定される。棺外の馬具は鞍を中心に、その上部ないし後輪側に多くの有機質のものが鞍を包むような状態で置かれていたことを思わしめる出土状態である。鞍は後方に倒れた状態で前輪と後輪が出土している。木箱に納めた状態は検出できなかった。鐙と轡は検出できず、環状の雲珠、心葉形杏葉などが伴っていた。とくに心葉形杏葉を伴う点で注意を引く資料であろう。盾は漆膜しか残存しておらず、おそらく革盾と考えられる。漆膜の残存状態は薄く1枚～2枚程度である。良好な東側の盾は全長169cm、幅下端で62cm、最大幅65cmで上端はカーブしており、表面には全体に三角形、菱形、綾杉の文様を刺繍で施している。また横方向に走る木桟の痕跡が約30cmの間隔で6本認められ、中央には把手状の痕跡さえも確認でき、非常に注目されるものである。

3　古墳の年代

今回の調査で御獅子塚古墳の築造年代と調査した主体部では若干の開きがあることが想定される。詳細は今後の整理作業を通じて検討しなくてはいけないが、時期差があるであろう。調査した主体部を仮に第1主体部と呼称すると、その中からの出土遺物、また墳丘の中心部よりずれていること、その北側の下部に東西方向に中軸をおく組合せ式の箱形木棺が想定される第2主体部が確認されたこと、第1主体部、第2主体部の検出状態により、築造時の中心主体部が残存している可能性が高くなってきたこと、同じく築造時において須恵質の埴輪を含むこと、周濠底付近で初期須恵器が出土していることなどを考慮してみると、概ね古墳築造時期は5世紀の中ごろに、第1主体部は若干遅れた後半代に現在のところ推定しておく。

連載講座
日本旧石器時代史
2．旧石器時代概念と時代・時期区分

東北歴史資料館考古研究科長
岡村 道雄

● はじめに ●

旧石器時代の内容とその変遷を概観する前に、時代の位置づけと枠組について吟味しておく必要があろう。まず、日本の旧石器時代が、日本歴史の流れと東アジア、ひいては世界の歴史の中でどのように評価され位置づけられるのかが重要な問題である。それは1949年の岩宿遺跡発掘以来の課題であったが、日本の旧石器文化の内容が徐々に解明されるに従って、次第に意見が整ってきている。とくに近年は、日本の全国各地で旧石器時代関係の資料が飛躍的に増加し、①各地のテフラ編年が整備され、広域テフラなどによる地域間対比も進展するなど、地質学的成果の蓄積、②各種の理化学的年代測定法の開発と測定結果の蓄積、③宮城県座散乱木(ざぎらぎ)遺跡が突破口となって「前期旧石器文化」問題が新局面を迎え、その後の一連の調査によってその存在が次第に確固となってきていること、④東・北アジアとくに中国・シベリアの旧石器時代について、考古資料や理化学的年代測定結果があいついで報告されるなど新資料が蓄積され、日本の旧石器文化を評価しなおす時期にさしかかっている。

● 時代区分の方法と経緯 ●

1. 時代区分の方法

これまで日本考古学は、「特徴的で、重要で、普遍化していく考古資料」の出現によって画期が設定され、時代が区分されてきた。そこでまずそのような資料を選定しなければならない。"重要"というのは人間の社会にとって重要ということであり、重要であれば当然普遍化していくわけである。そして人間の社会にとって重要であるということは、当時の生業・生活・社会などを維持していく上で必要不可欠なものである。したがって、その重要なものは、同じ目的に供される複数の道具や行為の結果であったりする場合と、包括的で象徴的な単一の考古資料が選択できる場合とがある。また普遍的に残存しやすい場合と腐朽しやすい場合、数量が多い場合と僅少な場合、前時代で重要と考えられた資料と重複して存在する場合なども多く、現実的には複雑な問題をかかえている。

つぎに"普遍化していく"というのは、各集団に伝わり普及していく、あるいは支配的になっていくという意味であるが、その場合の集団は小さな集団であったり、もっと大きい上位集団であったりする。また、近藤義郎[1]は、時代区分の規準を考古資料に限定している。しかし、古い時代になればなるほど自然環境とそれに働きかける技術・道具との関係は密接であり、自然が人間社会を規制する程度も高く、自然環境も時代区分の重要な要素となろう。したがって、社会的環境（集団）・自然環境の違いによる地域差は、各地でおこなわれた文化の差にも大きく影響していると考えられる。同時代の世界各地に共通する大きな特徴と地域による差を勘案した時代区分と名称が検討されなければならない。

いずれにせよ時代区分は、歴史的変化を年代的枠組を作って段階的に記述するために必要である。しかし、長い間に連続して起った変化を、ある規準を設定して今日的に分断する作業はなかなか容易ではない。そこで各時代にとって何が本質であり、どのように時代区分するかを徹底的に議論した上で、場合によっては自然環境をも組み込んだ排他的で明瞭な規準で時代区分の約束をとり

決める必要がある。

2. 旧石器時代の設定と細分の歴史

デンマークの C. J. トムセンは，博物館 に 収集された多種多様な古物を一定の原理で配列することを試み，1836 年には『北方古物学の手引き』にその考えをまとめ，人類は石器時代，青銅器時代，鉄器時代という三時代を経たと指摘した。その後，この時代区分は地域的にも拡大されて採用され，また別な規準によって細分されていった。まず，J. ラボックによって石器時代が，旧石器時代と新石器時代に細分された。ラボックは，ドリフト（漂積）の時代，あるいは絶滅動物と人類との共存の時代を旧石器時代とし，そこには磨製石器はないとした。それに対して新石器時代は，貝塚人，湖畔住居人，巨石墓人によって支えられ，後二者は農耕を行ない家畜も飼っていたと述べ，精巧で形態が多様な，しばしば磨かれた石器によって特徴づけられる時代であるとした。なおラボックは，ムスチェ文化以後をドリフトの時代（旧石器時代）に入れることを躊躇しており，現在の旧石器時代と呼ばれる時代のすべてを含むものではなかった[2]。

また，完新世がはじまっても磨製技術をもたず幾何形細石器などの盛行によって特色づけられる時代あるいは時期の存在が，19 世紀になって注意されるようになった。この時代・時期を 1909 年に J. ド・モルガンは，旧石器時代と新石器時代との過渡的な性格をもつ時代として，新たに中石器時代と呼ぶことを提唱した。しかし，地域によってかなり異なった様相をもつこの時代・時期を漠然と把握したものであり，旧石器時代と本質的な相違がなく旧石器と中石器時代との差よりも，前期・中期旧石器時代と後期旧石器・中石器時代との差の方が大きいという認識も生まれた。

概略以上のような経緯を経て 20 世紀初頭には，石器の形態と製作技術などによる旧石器時代区分（前期・中期・後期[3]，あるいは下部・中部・上部）と石器群の編年骨格が完成 することになる。しかし，三時代区分は必ずしも一般的ではなく，ソ連邦などのように中期旧石器時代に相当する時期を前期に含める二時代区分を採用していたり，それぞれの時代区分の規準や年代設定にも違いがある。また地域によっては独自の時代区分をしている場合も多い。日本でも日本列島という地域性を重視し，さらに東アジア史の中にいかに位置づけ

られるかを十分に検討する必要がある。

3. 旧石器時代と先土器時代

日本における旧石器時代研究は，1949 年に実施された群馬県岩宿遺跡の発掘を契機として本格的に開始された。まず関東ローム層中に土器をもたない文化が存在することが確認されたが，当初その地質時代観はかなり漠然としていた。そのことが後にその文化を旧石器時代のものと認めるか否かで意見の喰い違いを生ずる一因となった。初めこの文化は，前縄文文化と呼ばれることが多かったが，1954 年に芹沢長介が無土器時代（文化），1960 年に杉原荘介が先土器時代（文化）と呼称するようになった。その後 1962 年に芹沢は，地質学的な研究成果と ^{14}C 年代測定結果などによってその文化の大部分が更新世に含まれること，ユーラシア大陸の旧石器文化に比定できるといった理由で，旧石器時代の用語を使用するようになった[4]。また同年には，それまでこの文化についての評価を公けにしなかった山内清男が佐藤達夫と共に，^{14}C 年代への不信を表明し，その文化が磨製石器をもつこと，またいわゆる丸のみ形局部磨製石斧，植刃，断面三角形鑽，矢柄研磨器などをとりあげ，それらが大陸において更新世に属すほどの古さを持たないと主張して，この文化は新石器文化であるが土器や石鏃をもたない「無土器文化」で，その年代は 7000 年前をあまり越えることが ないとした[5]（図 5）。この山内らの主張は，^{14}C 年代測定結果を除外して議論したとしても，この時代にマイナス 100 m にも及ぶ海面低下があったこと，各地の花粉分析結果がマイナス 5 度前

図 5　石器時代区分

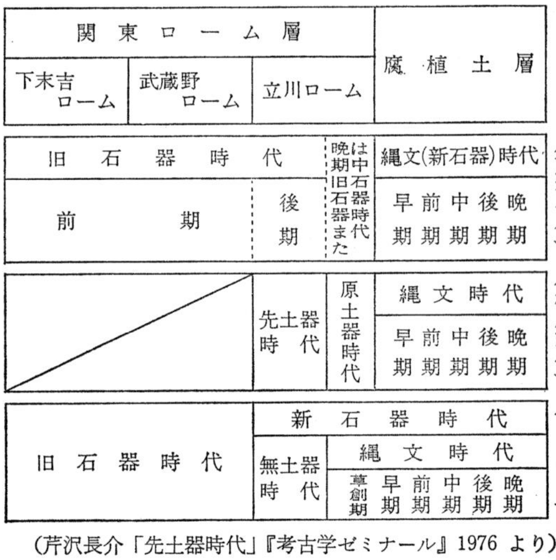

関 東 ロ ー ム 層			腐 植 土 層
下末吉ローム	武蔵野ローム	立川ローム	

旧　石　器　時　代		晩期は中期旧石器時代また	縄文（新石器）時代	（芹沢長介）
前　　　期	後期		早前中後晩期期期期期	

	先土器時代	原土器時代	縄文時代	（杉原荘介）
			早前中後晩期期期期期	

旧　石　器　時　代	無土器時代	新　石　器　時　代		（山内清男）
		縄文時代		
		裏創期	早前中後晩期期期期期	

（芹沢長介「先土器時代」『考古学ゼミナール』1976 より）

後の気温低下を示していることなどから，この時代は更新世の最終氷期に相当することが次第に明白になって，今日では成立しがたい説となった[6]。

近年はさらに先土器時代と旧石器時代が同義語化してきている。かつて旧石器時代という用語を使用する研究者は少数派であったが，昨今はむしろ多数派となりつつある。ところで，先土器時代を使用する研究者は，ヨーロッパの旧石器時代は磨製石斧の欠如が一規準となっているが，わが国の当該期には局部磨製石斧が製作・使用されていること，考古学的な区分に地質学的な区分をとり入れるのは不適当であり，その区分も新・旧石器時代区分と一致しないことの方が多いなど，旧石器時代概念の規定が今日の研究状況の中で混乱していると指摘している。しかし，先土器時代という用語もその時代の考古資料からとられた名称ではなく，消極的な時代名称であるから暫定的に用いるのだという[7]。

また，加藤晋平・鶴丸俊明もほぼ同様な理由で先土器時代を使用している。さらに戸沢充則・安蒜政雄などは，独特な性格と発展を示す縄文文化との関連や時期区分が明瞭でないし，中石器時代を設定すべきかどうかなど未解決な課題が多いという現状を指摘し，さらに旧石器→（中石器）→新石器時代という世界史的用語で一般的に捉えがちな時代区分と時代概念に日本の歴史をそのままあてはめてよいのかと述べ，日本列島独自の文化的連続と発展を重要視している[8]。

一方で旧石器時代を使用する研究者は，戦前からの旧石器存否論争の一応の結着を重視する必要があること，諸外国の前期・中期旧石器に相当する石器群が発見される見通しをもった，時代性を大まかに伝える世界史的用語であること，代表的な遺物による名称であることを強調する[9]。さらに稲田孝司は，主要な部分が更新世に属し，打製石器が中心となって発達した段階だという規定に基本的な変更を加える必要はないという[10]。いずれにせよ，主に打製石器を使用し，後の人間生活において重要な役割を果した土器をまだ知らない時代を旧石器時代と呼ぶ方向性にある。

● 日本旧石器時代の時代区分 ●

1. 前期旧石器時代の設定

1964年春に前期旧石器の確認を目ざして大分県早水台遺跡を発掘した芹沢長介は，出土した石英製の石器が，アジアの前期旧石器に含められると主張した。まず，主な用材として石英岩類を選択していること，交互剥離技術が石器製作上顕著に認められること，形態からみても前期旧石器であると記した。そして，中期旧石器の影響はまったく認められないという。ところで石器が包含されていた地層は，第三間氷期に比定される下末吉海進以後武蔵野段丘形成期に相当し，東アジアの前期旧石器に対比されるという考古学的所見とは10万年以上の年代的ギャップがあることになる[11]。そこで前期に陸橋を渡ってきた原人の仲間が，まもなく海面上昇のため島流しの状態になり，原人が生き残って前期の技術を存続させたと考えることによって一応の解釈を試みた[12]。

また東アジアには本格的なネアンデルタール人も出土しておらず，明確なムスチェ文化に属する石器の存否も不明であるから，東アジアでは前期と中期が区分されるかどうかは非常に疑問だという[13]。以後，栃木県星野遺跡・群馬県岩宿D遺跡などでのいわゆる珪岩製旧石器の発掘結果もこの考えを補強する結果となってしまった。

しかし，近年の宮城県での調査成果を基軸に早水台遺跡や群馬県の桐原・権現山・不二山遺跡などの資料を検討すると，それらは中国大陸の旧石器時代中期に共通した様相をもつ。とくに円盤形石核や三角形剥片，スクレイパーの発達や鋸歯縁石器など，ムスチェ文化との関連を思わせるものが散見される。

また中国では，ヨーロッパから中央アジアに分布していたホモ・サピエンス・ネアンデルターレンシスとほぼ同時代と考えられる旧人段階の化石が，大荔・許家窰・馬壩・丁村・長陽など7遺跡で発見され[14]，旧石器時代中期が設定されている（図6）。石器はほとんどが直接打法で製作され，石核には打面調整が認められ比較的整った剥片が生産される。小型化傾向にある石器は，かなり良好に二次加工され定型化しているという[15]。

また近年中国では，[14]C年代測定法はもとよりウラントリウム法，熱ルミネッセンス法，フィッショントラック法，古地磁気法，アミノ酸ラセミ化法などの理化学的な年代測定が実施され，年代推定が進んでいる（表1）。その結果によれば原人と旧人段階の人類が交代したのは約20万年前ごろである。なお人類の進化段階と旧石器時代区分を一致させているが，その根拠は明らかでない。い

ずれにせよ旧人段階の人類とムスチェ文化の流れを一部にもつ石器群がユーラシア大陸の東側にも分布しており，現在日本で知られ始めてきた石器群がそれらと共通した要素をもつ見通しが濃厚になってきた。

しかし，結論を出すのは時期早尚である。そこで，芹沢とはかなり立場が異なるが，以下のような理由で後期旧石器時代の前を暫定的に一括して前期旧石器時代と呼ぶ芹沢の案に従っておく。

①後期より古い石器は，宮城県以外では散発的にしか知られておらず，地域差と同時代の共通性が十分に把握されていない，②宮城県でも各時期の資料が連続的に発見されているとはまだいえない，③東アジアにおいて，石器群を軸にした時代区分が十分に検討されていない，④世界史的な区分が気候変動や人類の進化段階を大いに考慮した石器群の大別であることを考えれば，日本ではまだ確実な人類化石も発見されていないし，自然環境に関する知見も乏しい，⑤大陸との接続と島国化を繰り返した日本列島においては，東アジア史に包括された時期と独自に歴史を展開させた時期があったと予想される，など未知の部分があまりに多い。

2. 前期旧石器時代の終末と後期旧石器時代の細分

日本の後期旧石器時代は，縦長で両側辺がほぼ平行する剝片（その典型は石刃・細石刃）を石核の端に打面を固定して連続的に多量生産する石器製作技術が特徴的に用いられた時期と規定される。これをさらに（Ⅰ）石刃技法は未発達であるが局部磨製や打製の石斧，ナイフ形石器が組成される段階。とくにこの初期に石刃技法やナイフ形石器がない段階を認めて，一時期として独立させる意見もある，（Ⅱ）石刃技法・瀬戸内技法が確立して，ナイフ形石器が盛行する時期。とくに後半期

図 6 中国古人類と古文化時代

地質時代	"絶対"年代	氷　期		古　人　類　と　古　文　化			文化時代
		ヨーロッパ	中 国	華南地区	華　北　地　区		
完新世	単位：万年	後　氷　期			大剝砍砑器―三稜大尖状器伝統	細石器伝統	新石器時代
					鵝毛口文化	小南海文化	晩期
						?山頂洞文化下川文化峙峪文化	
更 晩	5	ビュルム氷期	大理氷期	柳江人		↑	旧
							中期
		エエム間氷期	丁村期		丁村文化	許家窰人文化	石
	10					↑	
		リス氷期	蘆山氷期				早期
		ホルスタイン間氷期	周口店期	石竜頭文化観音洞文化	匼河文化	北京人文化	器
新 中	50				↑	↑	時
		ミンデル氷期	大姑氷期				
		クロムメル間氷期	公王嶺期		藍田人文化		
	100	ギュンツ氷期	鄱陽氷期		↑		代
		テゲレン間氷期	西侯度期	元謀人文化	西侯度文化	?	
	200	ドナウ氷期					期
世 早							
	300		竜川氷期				

買蘭坡主編『人類的黎明』1983 より。簡体字を日本の漢字に，ヨーロッパの氷期を片仮名に改めた。なお，中国では新人の出現を約5万年前と考えており，他地域より少なくとも1万年ほど古い。

に組成される「槍先形尖頭器」の出現をもって細分する考えもある，（Ⅲ）ナイフ形石器がほぼ消滅し，細石刃技法によって細石刃が多量生産される時期，に区分することが多い。

これに対して前期は，不定形剝片を剝離する生産性の低い剝片生産の段階に留まり，その不定形剝片を用いた多種のスクレイパーが盛行する。前期はさらに石材の選択性や剝片生産の様相，石器組成などで二大別される。今のところこのような特徴をもった石器群は，宮城県の江合川流域では約3.3万年前に起ったインボリューションを境に，その直下から出土し，上位からは後期旧石器を発見している。また，北関東では約3.2万年前

表 1　中国前期旧石器時代末から後期旧石器時代初頭の理化学的年代測定結果

遺跡・層位	時　代	測　定　法	試　料	年　代	備　考
周口店第1地点1〜3層	前期旧石器時代	ウラントリウム法	哺乳動物の歯	$230000{+30000 \atop -23000}$	註14
〃	〃	〃	鹿角	$256000{+62000 \atop -40000}$	〃
〃	〃	〃	骨	230000	〃
周口店第1地点4層	〃	アミノ酸ラセミ化法	〃	370000	〃
〃	〃	熱ルミネッセンス法	灰燼	292000±26000	註16
〃	〃	〃	〃	312000±28000	〃
大荔78006A地点3〜4層	中期旧石器時代	ウラントリウム法	牛・鹿・馬の牙と赤鹿角	180000〜230000	註18、4例をまとめた
大荔	〃	古地磁気法		<730000	註14
〃　　8層	〃	熱ルミネッセンス法		41000〜71000	〃
丁村54：100地点	〃	ウラントリウム法	牛・犀牛・鹿・馬の歯	160000〜210000	註18、4例をまとめた
周口店新洞3〜7層	〃	〃	鹿の歯	135000〜175000	註18、5例をまとめた
〃　灰燼層中部	〃	炭素14法	炭	約40000	註17
許家窖	〃	ウラントリウム法	馬・犀牛の歯	91000〜102000	註14、6例をまとめた
〃	〃	炭素14法	犀牛の骨	16920±2000 16450±2000	註14
〃	〃	〃		>40000	註14
〃　74093地点地下8m	〃	ウラントリウム法	犀牛の歯	104000〜125000	註18
シャラオソゴル	後期旧石器時代	〃	骨・歯、犀牛の歯	44000〜52800	註14
水洞溝下文化層	〃	〃	馬の歯	38000±2000 34000±2000	註18
遷安爪村	〃	〃	牛の歯	48000±2000 44000±2000	〃

1984年1月までの測定結果のまとめを註14)によって記し、その後の測定結果を追加した。
なお、大荔・周口店新洞でも層位別に年代を測定しているが明らかな差はない。

に降下したと推定される鹿沼軽石層を境に、その下位からは群馬県桐原遺跡で前期旧石器が、直上からは栃木県向山遺跡で後期旧石器が出土している。したがって、約3.3万年前ごろに前期と後期の境界が求められよう（図7）。

3.　後期旧石器時代の終末と縄文時代

^{14}C 年代で約1万年から1.3万年前までの時期で、有舌尖頭器・局部磨製石斧・片刃打製石斧が出現し土器の使用が始まる段階を、縄文時代への萌芽をふくむ過渡的な時代と評価した芹沢は、その時期を晩期旧石器もしくは中石器時代と呼んだ[19]。しかし、この時期は、重要で普遍化していく考古資料として土器が評価され、縄文時代草創期として区分されることが多い。とくにこの時期には、後期旧石器時代初期の石斧とは明瞭に区別でき、後の磨製石斧につながる神子柴型などの局部磨製石斧が出現する。またこの時期の頭初から土器が使用されていることが次第に明らかになり、やや遅れて弓矢の使用も開始されている。神子柴型などの局部磨製石斧と土器の出現をもって縄文時代（新石器時代）の開始とみるのが妥当かもしれない。

註
1)　近藤義郎「時代区分の諸問題」考古学研究、32—2、1985
2)　芹沢長介編『古代史発掘1　最古の狩人たち』講談社、1974、近藤義郎「総論」『岩波講座日本考古学』1所収、1986 など
3)　前・中・後期の三時代としてそれぞれ独立させる場合と、旧石器時代内での細分と捉える場合があり検討を要する。
4)　芹沢長介「旧石器時代の諸問題」『岩波講座日本歴史』1所収、岩波書店、1962
5)　山内清男・佐藤達夫「縄文土器の古さ」科学読売、12—13、1962
6)　小林達雄「縄文土器の世界」『日本原始美術大系』1所収、講談社、1977、稲田孝司「縄文文化の形成」『岩波講座日本考古学』6所収、講談社、1986
7)　近藤義郎「時代区分の諸問題」（前掲）
8)　戸沢充則「日本の旧石器時代」『講座日本歴史』1所収、東京大学出版会、1984 など
9)　平口哲夫「日本石器時代区分の現状と課題」考古学研究、29—2、1982
10)　稲田孝司「縄文文化の形成」（前掲）
11)　芹沢長介「大分県早水台における前期旧石器の研究」『日本文化研究所研究報告』1、1965
12)　芹沢長介「明るみにでた旧石器時代」日本の歴史月報、13、1966
13)　渡辺直経編『シンポジウム日本旧石器時代の考古

図7 旧石器時代編年表（最終氷期の開始期以前の年代，原人・旧人の交代期，中期・前期旧石器時代の境界については諸説がある）

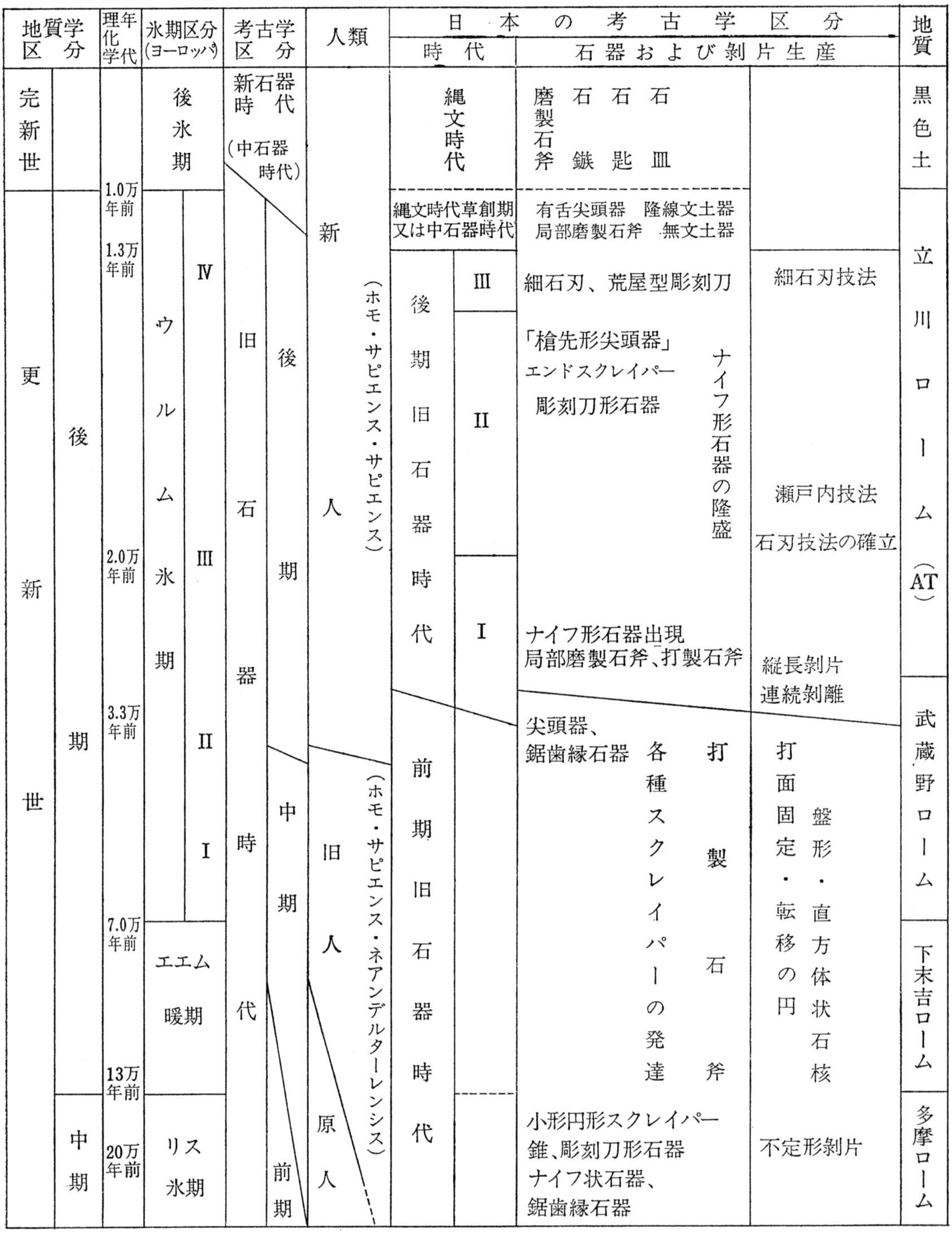

地質学区分	理化学年代	氷期区分（ヨーロッパ）	考古学区分	人類	日本の考古学区分 時代	石器および剥片生産		地質
完新世		後氷期	新石器時代（中石器時代）	新人（ホモ・サピエンス・サピエンス）	縄文時代	磨製石斧 石鏃 石匙 石皿		黒色土
	1.0万年前				縄文時代草創期又は中石器時代	有舌尖頭器 隆線文土器 局部磨製石斧 無文土器		立川ローム（AT）
	1.3万年前	IV	旧石器時代 後期		後期旧石器時代 III	細石刃、荒屋型彫刻刀	細石刃技法	
更新世 後期		ウルム氷期 III			後期旧石器時代 II	「槍先形尖頭器」 エンドスクレイパー 彫刻刀形石器	ナイフ形石器の隆盛 瀬戸内技法 石刃技法の確立	
	2.0万年前							
	3.3万年前	II	旧石器時代 中期	旧人（ホモ・サピエンス・ネアンデルターレンシス）	後期旧石器時代 I	ナイフ形石器出現 局部磨製石斧、打製石斧	縦長剥片連続剥離	武蔵野ローム
		I			前期旧石器時代	尖頭器、鋸歯縁石器 各種スクレイパーの発達 打製石斧	打面固定・転移の円 盤形・直方体状石核	
更新世 中期	7.0万年前	エエム暖期	旧石器時代 前期	原人				下末吉ローム
	13万年前	リス氷期				小形円形スクレイパー 錐、彫刻刀形石器 ナイフ状石器、鋸歯縁石器	不定形剥片	多摩ローム
	20万年前							

学』学生社，1977

14) 呉汝康・J. W. Olsen 編『Palaeoanthropology and Palaeolithic Archaeology in the Peoplés Republic of China』1985

15) 中国科学院古脊椎動物与古人類研究所≪中国古人類画集≫編制組編著『中国古人類画集』1980

16) 裴静嫻「北京猿人洞穴堆積及其它洞穴堆積的熱発光年齢」『北京猿人遺址綜合研究』所収，1985

17) 黎興国・劉光聯・許国英・王福林「周口店山頂洞人和新洞人的碳14年代測定」『北京猿人遺址綜合研究』所収，1985

18) 陳鉄梅・原思訓・高世君「鈾子系法測定骨化石年齢的可靠性研究及華北地区主要旧石器地点的鈾子系年代序列」人類学学報，3—3，1984

19) 芹沢長介「日本の石器時代」科学，39—1，1969

考古学と周辺科学　10

文献史学（中世）

中世史と考古学とは考古資料の
史料としての利用，歴史学と考
古学との協同作業，古文書学の
考古学化の３点で接近している

東京大学助教授　千々和　到
（ちぢわ・いたる）

はじめに

考古学者は本当に大変だと思う。

もし私たち歴史研究者が，古文書の厳密な読み本を作れ，それができたらこの文書は焼却してしまう，といわれたとすれば，いったい何人の人が確信を持った読み本作りに入ることができるだろうか。相当自信を持った人でも，自分の読み本さえあれば後世の研究には万全と言い切ることには，いささかのちゅうちょを感じざるをえないだろう。

ところが考古学者たちは，「記録保存」という名のもとに，日々これと似た作業を強いられ続けているわけである。しかも，自分たちの調査は万全で，遺跡を復元してみろといわれればいつでもできるほど精密な調査をしているのだと，私たちはある考古学者に胸を張っていわれた。この確信と自信は，貴重なものだと思う。

こうした考古学者たちの苦心の結果，これまでは"ことば"でしか知ることのできなかった資料が次々にモノとして私たちの目の前に提示されてきていることは間違いない。こうした資料の提示をうけて，私たちの作り出す歴史像が従来のものよりどれほど具体的でビジュアルなものとできるか，これは私たち歴史研究者の新しい，ひとつの課題であるといえよう。

ひとつの経験から

たぶん10数年前まで，私たち中世史研究者の頭の中では考古学とは先史時代のもので，中世史と結びあうのはわずかに時たまの城館址の発掘くらいでしかあるまいと考えられていた。しかも，その中世城館址の発掘報告書を入手してみると，中世遺跡の発掘報告のはずなのに，何と記述のほとんどすべては縄文・弥生時代の報告にさかれていて，私たちには宝の持ちぐされだったということも決して稀ではなかったように思う。

今，考古学の側も歴史学の側も，まさかこのようなことはあってはならないという共通認識を持つことができるだろう。中世の遺跡は中世史研究を踏まえた考古学的手法で発掘されねばならないし，その評価には中世史研究者の意見が重視されねばならない，ということは当然のことと考えられているのではないか。しかし，一般論としてはそうでも，個別の遺跡を見たとき，本当にこのような共通認識は獲得されていると言えるのだろうか。たとえば，社会問題とさえなってしまった横浜市六浦の中世遺跡，上行寺東遺跡をめぐる経緯を思い起こしたとき，私たち中世史研究者は，きわめて疑問であるといわざるをえないのである。

上行寺東遺跡とは，1984年の秋，マンション建設にともなう事前調査（玉川文化財研究所を中心とする上行寺裏やぐら群調査団による）で発見された遺跡である。

上行寺東遺跡[1]は，六浦の津を見下ろす凝灰岩の岩山に刻みこまれて残っていた。ここに「やぐら」とよばれる中世の横穴墳墓群が存在することは，すでに赤星直忠氏によって「六浦ガード付近やぐら群」と名付けられて紹介されていたが，発掘の結果，頂上部に阿弥陀とされる石窟仏を本尊とする「やぐら」があり，その前面に礼堂とみられる建物と池とが作られていたことが判明したのである。この遺跡が注目されたのは，何よりも中世都市鎌倉の外港である六浦の景観を残しているというすぐれた立地によるのだが，さらに，普通「やぐら」は谷に面した崖面に形成されるが，こ

93

図1 横浜市上行寺東遺跡上段（鈴木道也氏撮影）

こでは丘の頂上部に平場を造成しその奥に作り出している上，「やぐら」と建物とがセットになった例がこれほど完全な形では今まで報告されておらず，「やぐら」の研究史，すなわち「やぐら」発生論とその機能について，を書き換えるほど重要な遺跡であるという点と，15世紀半ばの「やぐら」廃絶後，この遺跡には土葬の墓が作られ，100体以上の人骨が出土したとされ，「やぐら」と土葬の二つの墓制が複合した珍しい遺跡ということになり，中世後期の葬制を明らかにする上で極めて貴重な発掘例であるという点も，遺構に即した強い関心をよんでいるのである。

にもかかわらず，横浜市はこの遺跡の破壊を決めた。この遺跡の破壊を決めた横浜市当局者は，「発掘担当者が……と言っている」「発掘担当者が残せといっていない」として，私たち中世史研究者の意見に全く耳を貸そうともせず，あくまで発掘担当者の考古学者の意見だけを「尊重」？し，また遺跡の一部分が未調査のまま破壊されたときも，「発掘担当者が掘る必要があると考えた部分は掘ったのだから，発掘していない部分が壊されても，それは未調査部分が壊されたことにはならない」と述べたてている。たしかに，発掘した考古学者は昨年6月2日の神奈川県遺跡調査・研究発表会で「たいした遺跡ではない」という趣旨の発言をしてしまっているのである。

横浜市は文化財保護条例もないほど，文化財保護に関心の無い，非文化的な教育委員会を持つ町だそうだから，これは横浜市に特有の問題だったのかもしれない。また，この発掘担当者は，「発掘会社」の人だから，考古学者の見解とは言えない，という意見も考古学の側からは聞こえてくる。

遺跡保存運動のシロウトであった私たちは，世間に「発掘会社」というものがあることもしらなかった。建設業者から開発地内の遺跡調査を請負い，利益をあげるというもので，営利事業として発掘する以上，本人が学問的に調査する意志があるかどうかはともかく，他人からはなるべく安く，早く調査しようというのだろうと疑われやすいし，この上行寺東遺跡に関しては，少なくとも当初そう疑われても仕方のない対応があったことを，残念ながら指摘しておかねばならないのである。

しかし今回の問題の本質は，発掘担当者が「発掘会社」に属していたかどうかにはないのではないか。つまり，国の文化財審議会の専門委員の中世史家が国指定に値いする遺跡と発言しているにもかかわらず，それが全く無視されて，文化庁次長によって国会で「国指定にはあたらない」(1986.4.9)と発言されたりする状況を見ると，問題の根はもっとずっと深いように思われる。

問題は，どの時代の遺跡かを問わず，土の下から出てきたら，これは考古学の領域だとする今の文化財行政のありかたにこそあると思う。このありかたは，何としても変える必要がある。歴史学と考古学とは方法を異にするし，しばしば対象も異にしていた。とくにこれまでの中世史の場合，その傾向が強かったといえよう。しかし最近では，その接近の進展は目覚ましい。考古学と歴史学との協働の中にこそ，今後の中世史研究の発展の可能性があると考えている研究者も少なくはない。にもかかわらず，こうした研究状況は一向に文化財行政に反映されようとしない。

現在，国による史跡指定をうけた中世の遺跡は189件である。この数は原始509件，古代259件，近世261件に比べて少ない。「原始時代は数万年間，中世は数百年間だから，年数から見れば決して少なくない」(1986.5.14)という文化庁幹部の一見合理的な暴論はこの際無視するが，問題なのは数だけではなくてその内容である。

中世の指定史跡のほとんどは南北朝時代の南朝の宮跡や山城，そして源頼朝墓などの著名人の墓で占められている。現代の中世史がその研究の進

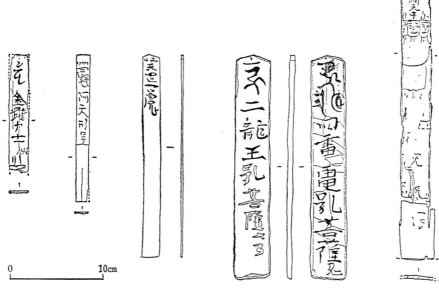

図 2　草戸千軒遺跡出土呪符実測図（『歴史公論』99 より）

展のために必要とし，そこでこそ歴史と考古との協働がためされるであろう集落や墳墓群はなぜか指定対象とされない。一時は文化庁も保存に動いたとされた静岡県磐田市の中世群集墓，一の谷遺跡でさえ，担当調査官や発掘担当者の懸命の努力にもかかわらず，どうやら「記録保存」だけで破壊されることになりそうだという。

これでは，遺跡全体をめぐる状況が厳しい中で，とりわけ中世の遺跡は壊され放題ではないか。ではどうすればよいのか。名案のあろうはずはない。しかしこれだけは言えよう。それは，歴史時代の遺跡をめぐる評価は，今後は，歴史研究者と考古学者との協働の中で確定されねばならない，しかもこの原則を文化財保護当局に認めさせなければならない，ということであろう。私たちは，そこを出発点にして，歴史研究者と考古学者との間の，研究と遺跡保存についての協力関係を強めていくことができるのではないかと考えている。

中世史研究の考古学への接近

中世史研究の考古学との接触は多分つぎの3点で進行している。すなわち，1. 考古資料の史料としての利用，2. 歴史学と考古学との協同作業，3. 古文書学の考古学化，である。

（1）考古資料の利用

この面での接触は，かなり早い時期から行なわれていた。石塔・石仏や梵鐘その他の金石文資料[2]の利用は，戦前から行なわれ，すぐれた仕事を生み出してきたが，「明治百年」前後の自治体史の編集の中で，数少ない古文書だけで作られる歴史像にあきたらず，何とか地域に密着した身近な文化財を史料として利用できないか，という機運が高まっていった。

多くの自治体史の場合，叙述への利用は必ずしも期待通りに成功したとは言えないが，調査・集録作成は大きく進展し，この機運の中で，少なくとも銘文のある石塔は歴史資料であるということは何とか常識となったのではないか。さらに最近では，調査対象は銘文のない石塔にまで拡大し，地域の歴史を明らかにする方法が模索されている[3]。紙（文書，記録）だけで構成された歴史像に，石からもたらされるイメージが加わったわけである。

そして近年，草戸千軒その他での中世遺跡の発掘によって，私たちに利用可能な形で，陶磁器と木製品とが新たに史料に加えられた。いまや出土陶磁器から得られる情報が，中世の流通を考えるうえで欠くことのできない重要な一翼を担ってきているということは，中世史研究者全体の常識になっているといってよいだろう。

木簡の出土は古代同様，中世史研究においても重要な意味を持っていることは勿論だが，とりわけ最近出土の報告があい次いでいる呪符，斎串[4]などに注目していきたい。中世は呪術的な世界だ

とはよく言われるが，その実態はあまり明瞭ではない。しかし，今昔物語の説話などから推測していたような道教，民俗信仰の祭り，まじないが具体的に復元されるのも，決して遠い将来のことではない。とすると，私たちは次のような期待を持つことができるだろう。まじないに関わる資料の場合，流され，埋められる（ある種の廃棄）ことによってかえって残った，というものが多いのではないだろうか。当時の人々が他人の目に触れないようにわざわざ処置したものが，捨てられ，埋められたがゆえに偶然いまに残ったのだとすれば，「捨てられた資料」から形成される歴史像が，残すべくして残された資料（伝世品，古文書の大部分）から形成される歴史像と大きく変わってくる可能性は高い。いま「社会史」と呼ばれる研究方法が目指している方向は，たぶんこうした歴史像の構築なのではないだろうか。この方面の研究の進展に，期待しつつ注目していきたい。

また，木製の卒塔婆の出土もひと昔前までは考えられないことだった。だから，中世石塔，たとえば板碑の起源論は一部を除けば石塔と絵巻物だけとで構築されてきたわけである。しかし今後は，次々に出土している木製の卒塔婆や斎串などとの比較検討ぬきに，石塔だけを問題とした起源論は，もはやほとんど意味を持ちえないだろう。

（2）　中世史と考古学との協働

このように，出土遺物の検討は私たち中世史研究者の研究方法を大きく変えさせてきている。しかし，中世遺跡の遺構の検討は，ほとんどの中世史研究者にとっては不可能である。遺構を読む技術は私たちにはないからである。だから，私たちは考古学者の作成した図面からイメージを作り出すしかない。

上行寺東遺跡についてもそうだった。

冒頭に引いた，自分たちの作成する図面に絶対の自信を表明した考古学者とは，実は，上行寺東遺跡の発掘担当者である。私たちは彼らと遺跡の評価をめぐっては厳しい論争を続けたが，その調査図面にはお世話になってきた。

考古学の図面は多少の程度の差はあれ，客観的なものと信じたからである。だから私たちの遺跡のイメージは彼らの図面によって形作られていたことは間違いない。その点，発掘担当者と私たちとは，論争しながらも，その論争の土俵は同じだったと言ってよいだろう。しかし，保存運動が進

み，隣接地の自主発掘などの経験を積むにつれ，この図面自体の信頼性がゆらいできた。シロウトの私たちにさえわかる，図面に描かれていない溝や柱穴などの遺構が，確認できたからである。他者による再発掘の可能性の予め否定された「記録保存」では，不完全な図面の作成は致命的だといっては言い過ぎだろうか。

聞くところによれば，考古学の図面とは，誰が作ったのかによってその信頼性は全く違うのだという。それは常識だ，とも考古の友人からは聞くことができた。

しかし，そんなことは，考古学の世界を離れれば絶対に常識ではありえない。このような常識がまかり通るのであれば，考古学はもはや科学とはいえないし，歴史学の側は決して考古学の成果を利用も信用もできないことになってしまうではないか。

そのような常識は存在しないと私たちは信じたい。けれど信ずることはこの場合，きっと何の役にもたたない。そこで必要になるのは，中世史研究者と考古学者とが遺跡発掘後に図面をもとにして検討し合うのではなく，可能な限り発掘中から意識的に意見を出し合うことではないかと思う。それが私たちの言う中世史と考古学との協働なのである。

発掘と文書解読というように，対象を史料としていく，史料化の方法論の相互に別個の二つの科学が，相手の検討過程や方法論を無視して，都合のよい結論・分析結果だけを利用しあうのは，けっして正しいことではない。発掘中の遺跡見学会すら開かれず，地元研究団体の度重なる要請にもかかわらず，一回の現地説明会ももたれなかったこの上行寺東遺跡では，こうした協働への道が第一歩から閉ざされていたわけである。

古代史と違って中世史の場合，とくに関東では，まだ協働の例はそれほど多くはない。しかし，それ自体を設置目的としている国立歴史民俗博物館の諸活動や，群馬県の大用水遺構，女堀の調査[5]における能登健，峰岸純夫氏らの活動，さらに中世都市鎌倉の調査などには，明らかにこの方向の動きが含まれている。

鎌倉の調査では，ついに個別の遺跡を越えて，都市鎌倉の町わりが視野にはいってきた[6]。この問題に考古学の立場から接近している大三輪龍彦，河野真知郎氏らの論点と中世史の側からせま

ろうとしている石井進，網野善彦氏らの都市的空間，場を問題にしようとする立場との議論[7]は，相互に都合のよい史料を提示しあうだけのいわばもたれあいではない形で，近い将来に必ず結実が期待できようが，問題は鎌倉のように文献が豊富で，遺跡も残っているところでの経験が，文献のほとんどない地域の遺跡にどのように生かせるか，ということであろう。

しかし，相手の必要としていることさえつかめれば，それはそれほど難しいことではないのではないか。上行寺東遺跡の場合で言えば，私たち歴史の側が考古学者に期待したのは，「頼源大徳」なる出土五輪塔の銘文の法名が仁木氏義という得体のしれない武士であるかどうかを『読史備要』から見つけだしてくれることではなくて[8]，この遺跡，遺構面が短時間に形成されてある期間現在のような姿で存在し続けたのか，それとも長期にわたって順次形成されていったのか，といったことであった。しかし，形成過程についての見解を私たちはいまだに発掘担当者から聞きえてはいない。私たちが欲しいのは，柱穴と柱穴をきちんと結ぶことのできる正確な図面と，考古学の手法で明らかにしうる遺跡内の遺構形成の前後関係についての正確な観察結果となのである。

では，考古学から歴史に期待されているのは何なのだろうか。それを知るためには，交流の中で学ぶ必要がある。河野氏の発言にならえば，「中世考古学を学ぶ者は，酒を飲む時間を削っても勉学にいそしむべきである」[9]かどうかはともかく，少なくとも，どうせ酒を飲むなら，歴史は歴史，考古は考古というのでない飲み方も，たまにはする必要があるとはいえるだろうか。

(3) 古文書学の「考古学」化

さて，これまでとは随分違ったところで，実は重要な考古学的方法への接近がなされているように思う。それは，隣接諸科学の成果を積極的に吸収しようという最近の中世史の傾向と無縁ではない。考古資料はもちろん，民俗資料，絵図，絵巻物といった古文書以外の資料への関心が高まっていることは言うまでもないが，ここで触れておきたいのは，古文書そのものの見直しの傾向についてである。

それは上島有氏や田中稔氏の文書料紙の研究[10]にとりわけ顕著であるが，いったん文書の内容（字づら）をつき放して，モノとした上で検討し，

図3 牛王宝印の一例（熊野新宮宝印）

その検討内容を再度文書内容の理解に反映させようという手法である。田中氏は和紙生産過程にまで踏みこんで料紙の表裏を判断する手法を編み出し，料紙の使用方法の分析をはじめられているし，上島氏も料紙の分類から出発し，同一人が同一内容の文書を出す際にも，相手によって料紙を区別していることを指摘し，文書に用いられている料紙の差違が文書の機能の差違を意味する可能性を示唆された。私自身も，中世の誓約文書である起請文の検討から，牛王宝印という護符を料紙に用いるか否かが，ある場合には身分差を表現する場合があることを指摘したことがある[11]。

料紙の研究に限らず，使われている墨，筆を問題とする研究，文書の折り方・封のしかた（封式）の研究など，文面だけでなくモノとしての外形をも問題にしようという態度は，意識されているかどうかを問わず，明らかに考古学から学んだ方法というべきであろう。いま中世史研究者は，こうした視点の獲得を突破口にして，その文書の書かれた場や届けられかた（伝達方法）について具体的に復元することができないか，検討をはじめたところなのである。

実は，かなり早くから荻野三七彦氏[12]らは，活字化した文書集や影写本（文書の複製）によって文章（字づら）だけをおいかけて研究しようとする風潮に警鐘を鳴らしておられたが，最近の『新潟県史（中世資料編）』のように，文面以外の情報も可能な限り盛りこもうとした古文書集の出版に接してみると，モノとしての文書から得られる情報を重視しようという立場は，ようやく中世史全体の流れとなってきたと言うべきかもしれない。

おわりに——ビジュアルな中世史へ——

さて中世史研究は今後，こうした考古学との接触をも含みこみつつ，全体としてどういう方向に進むだろうか。本稿の関心との関わりで言えば，そのひとつは歴史的景観そのものの史料化であろう。

景観を史料とする手法は，以前から古島敏雄，永原慶二，稲垣泰彦氏らによって荘園調査の際に明瞭に意識されてきた[13]し，近年の中野栄夫，服部英雄氏らの各地の荘園における用水（水がかり），小字名などの調査結果[14]はこうした歴史的景観が立派に史料となることを証明してきている。

中世史研究が早い時期に関わりを持った例として最初にあげた城館研究でも，これまでの城郭研究のような考古学的手法抜きの「縄ばり論」，つまり軍事的視点から城館の内部構造だけを問題とするようなものから，それが堀——用水の関係をひとつの軸とした地域支配の拠点であるという理解に進んでいることは間違いない[15]。周辺地域との関わりを強く意識した研究方向のさきに，城館全体を包む景観の検討が課題となってくることは当然であろう。

ところで，たびたび触れてきた上行寺東遺跡について私たちは，遺構の興味深さだけでなく，この遺跡の宗教的象徴性にも注目し，中世六浦の歴史的景観を残すものとして景観全体の保存を主張してきたのだが，横浜市は妥協案として上段遺構全体のラテックスと石膏による型どりを提示し，すでにその作業が進められている。ほぼ 400㎡ に達しようという型どりは，規模において日本最大なのだそうである。復元（再現）にともなう問題をどう解決するのか，疑問点も多いのだが，発掘以来 2 年間にわたって雨ざらしにされ，風化の進んでいたこの遺跡の表面の記憶を客観的な形で残し，また公開可能なようにしようとすること自体は，たしかに前進といえるだろう。この遺跡に限らず，考古遺跡は保存されるにせよほとんど埋め戻されるのが一般だから，今後型どりは多くなっていくことだろう。

しかし，これは所詮レプリカなのである。史料を保存しつつ利用できるようにするために，つまり史料の利用を一部のエリートに限定しないために，レプリカが作成されるのであれば，レプリカ作成はその限りで積極的意味を持つ。

しかし，この方法がいったん「保存運動かわし」に利用されるようになれば，いわば野にはなたれた虎と化そう。これまで遺跡包蔵地に手を出しかねていた建設業者たちでさえ，レプリカ作成費用をあらかじめ計上しておきさえすればよいと，安心して開発計画を推進してくるに違いないからである。

私たちの関心が遺物や遺構の面白さにとどまっている限り，この危険は決して去りはしない。その意味で，遺跡はそれを生んだ景観の中に置かなければならない，この当然の観点を声高に主張することが，今ほど重要なときはない。

註

1) 玉川文化財研究所『横浜市金沢区六浦上行寺東やぐら群発掘調査概要』1984

　千々和到ほか「特集　六浦と上行寺東遺跡」月刊歴史手帖，14—3，1986

2) たとえば川勝政太郎『日本石材工芸史』綜芸舎，1957

　坪井良平『日本古鐘銘集成』角川書店，1972

　成果の一例として，今中世史研究者に注目されている律宗と職人とのかかわりは，石塔研究者によって先鞭をつけられたことは思い出されてよい。

3) 国立歴史民俗博物館「中世荘園の現地調査　太田荘の石造遺物」国立歴史民俗博物館研究報告，9，1986

4) 水野正好「招福・除災—その考古学」国立歴史民俗博物館研究報告，7，1985

5) 群馬県埋蔵文化財調査事業団『女堀』1985

6) 大三輪龍彦「中世都市鎌倉の地割制試論」仏教芸術，164，1986

7) 大三輪龍彦編『中世鎌倉の発掘』有隣堂，1983

8) 『調査概要』は頼源大徳を武将仁木氏義とし，この遺跡を武士団の墓と推定するが，「大徳」の法名からはまず僧侶を考えるべきではなかったのか。

9) 河野真知郎「1983 年の動向　中・近世（東日本）」考古学ジャーナル，232，1984

10) 上島　有「中世の檀紙と御判御教書」日本歴史，363，1978

　田中　稔「礼紙について」『土田直鎮先生還暦記念奈良平安時代史論集』吉川弘文館，1984

11) 拙稿「起請文研究ノート㈠　誓約の作法」人民の歴史学，78，1984

12) 荻野三七彦『古文書研究』名著出版，1982

13) たとえば，古島敏雄『土地に刻まれた歴史』岩波新書，1967

14) たとえば服部英雄「中世荘園と館」日本城郭大系別巻Ⅰ，新人物往来社，1981

15) 橋口定志「1985 年の動向　中・近世（東日本）」考古学ジャーナル，263，1986

書評

坂詰秀一・森郁夫編
日本歴史考古学を学ぶ
上・中・下
有斐閣
四六判　309, 205, 240 頁
1700, 1500, 1600 円

わが国では考古学といえば，すぐに先史学を思い浮かべるほど，考古学と先史学は密着しているようであり，ひいては先史学こそが考古学の本体と考える傾向が永い間つづいていたように思われる。だが，これは日本の近代考古学がエドワード・モースの大森貝塚の発掘に触発されて産声をあげ，その後も先史時代遺跡の調査を重要な養分として発達をとげてきた，というわが国の特殊事情に起因する，いわば一種の錯覚ともいうべきものであろう。この錯覚に誘引されてであろうか，遺跡の調査に当っても，下層の先史時代の遺構・遺物には細心の注意を払っても，上層の歴史時代の生活者のそれについては軽視，時には無視することの多かったのは，決して遠い過去のことではない。

しかしこのような考え方が，考古学の本質を伝えるものでないことは，いうまでもなかろう。考古学はあくまで，先人の経てきた生活の営みを遺跡・遺物を通じて闡明し，その変遷・発展の跡を追求する歴史科学であって，時間的には人類の全時代を覆っている。したがって文献・記録によって人類社会の展開を跡づけることが可能となった歴史時代を考古学の対象とすることは，先史時代と同様に，必要かつ重要である。

もとより文献は拠るべき基本的な史料の一つではあるけれども，古代・中世における文献・記録の残存の稀少性，残存する地域の偏在性，記録者の視点の一面性と偏向性，一般民衆の生活や生産・流通に関する記録の無視性などのことを考えると，対照的にこの時期の考古学研究が，生活や社会の復原のためにまたとなく重要な地位を占めていることがわかる。歴史時代の研究は文献による周到な検討と考古学による広範な調査の両輪をそなえてはじめて動き出すといってよい，と常に筆者は考えている。歴史時代の永い各国では，先史学とは別に，歴史考古学が極めて重視され，考古学の本体を形成している観のあるのはそのためである。

このような観点からして，依然として先史学全盛の観のある日本考古学界に対しては，歴史考古学の重要性をいくら強調しても，強調しすぎることはないような思いがする。ただこうした重要性は，土木工事の盛んになった高度成長下の近時，好むと好まざるとにかかわらず認めざるをえなくなったと見え，古代・中世・近世の遺跡の調査研究は，ようやく活気を帯び，新たに発見された遺跡・遺物の数も，急激に増しつつあるようである。中世・近世の城館遺跡の調査が全国的に行なわれるようになったのは，これと無関係ではなかろう。

しかしながら，歴史時代の考古学研究は，比較的時空ともに層が薄かったせいか，古くから行なわれた寺院址その他の宗教遺跡や古代都城址の研究などをのぞくと，方法論の検討されることも少なく，したがってマニュアル的な書物もごくわずかしか存在しない。そのため新たにこの分野の研究に踏みこもうとする研究者は，その指針の不足をなげくことが多かった。筆者の関与する部門をあげても，近ごろ古代・中世・近世の遺跡から必ずといってよいほど発見され，時代判定などにも寄与するところの多い輸入中国陶磁の取り扱いについても，苦慮する研究者は少なくないと聞いている。このような時，坂詰秀一・森郁夫両氏の編になるマニュアル的な書物『日本歴史考古学を学ぶ』が出版されたことは，事宜をえたものであり，まことに喜ばしい。

本書は上・中・下の三巻に分れ，上巻は政治・経済・生活の諸相を，中巻は宗教の諸相を，下巻は生産の諸相と歴史考古学をめぐる諸問題をそれぞれ取り扱っている。そうしてそれぞれの諸相はさらに多くの項目に分けられ，各項目に関する「歴史考古学の現状と課題」が述べられている。すなわち第一の「政治・経済・生活の諸相」の項は宮室・都城・軍事施設・地方集落などの項目が挙げられ，時代的特色と地域的特色を顧慮しつつ研究の現状と課題について記されているし，第二の「宗教の諸相」の項は，祭祀遺跡にはじまり，仏教遺跡・道教的遺構・民俗信仰・古代中世の墳墓やそれに関係する諸施設が取りあげられている。また，第三の「生産の諸相」では塩・鉄の生産，窯業生産，木工生産の叙述に主力が注がれている。それぞれの項目は，適任の担当者によって叙述されているが，要を得たものが多く，研究の現状を把握し，また将来への展望を検討するのに役立っている。ただ歴史考古学の取り扱うべき問題は広くかつ多いので，本書で取りあげられている項目だけで充分とはいい難い。生産の面における農業生産の欠除などは，将来まず第一に埋められるべき項目である。また古代に厚く，中・近世に薄い不均衡が見られるのは，調査研究上解決すべき主要課題であるとともに，叙述上の課題でもあろう。将来より充足したマニュアルブックとされんことを願って止まない。

（三上次男）

書評

大塚初重 編
後藤守一集 下
日本考古学選集 18

築地書館
B5変形判 290頁
13,000円

　後藤守一の700点にのぼる著作論文のなかから、古墳文化とそれ以後のもの6篇をおさめた『日本考古学選集 18』が刊行された。

　この選集は、日本考古学の草分けから戦前戦後にわたって活躍し、すでに故人となられた学者23人の代表作を、厳選してまとめたもので、今回の「後藤守一集下」をもって、全25巻の出版が完結した。

　昭和20年代に神田の古書店をくまなく歩いても、すでに入手困難だった貴重な文献や、分割して発表された雑誌論文の数かずが、まとめて見られるようになったのは画期的なことである。それらの文献は、初出のままに組まれているので、縦組横組、文字仮名遣いなどに時代の流れが感じられる。そこで、論文そのものの価値だけではなく、学者の人柄にもふれることができ、全体としてユニークな考古学研究史を構成している。

　今後、広く名著として、考古学研究に携わる学徒はもちろん、考古学関連分野や、考古学者に興味をもつ人びとに親しまれるであろう。

　編者の大塚初重氏は、後藤守一の手ほどきをうけ、研究者として成長した生粋の愛弟子である。「石器時代研究は芹沢長介、古墳時代研究は大塚初重と良い後継者が育って幸せだった。有職故実の弟子がいないのは残念だが、それまで望むのは欲張りというものだろう」。かつて調査旅行の夜長に後藤先生が語られた。その後継者2人が「後藤守一集」を上下に分けて編集したことは、まことに人を得たというべきであろう。

　大塚氏は、その序、学史上における後藤守一の業績のなかで、後藤の生涯を詳細に冷静に描きあげている。40年余の研究生活のうち、前半は帝室博物館で研究に専念し、後半の昭和16年からは大学で後進の指導に当りながら研究を続けた。蒐集した膨大な資料を整理し、形式分類、編年、問題提起と稿を進めた前半から、資料を個々の物としてではなく、生活の復元へ向けて統合を試みた後半まで、後藤の学問的傾向を提示した注目すべき序文である。

　収められた論文は、いずれも帝室博物館時代に書かれたもので、昭和6～7年と14～16年にまとまっている。精力的にすすめていた研究が次つぎと実を結んだ時期であった。

　これらの論文は三部構成で編集されている。

　第一部は、1.鎌倉時代鏡について（考古学雑誌・昭和15年）と、2.藤原鏡の成立（考古学論叢・昭和14年）の2篇からなっている。もっとも力を注いだ青銅鏡の研究のうち、雑誌論文の和鏡をとりあげたもので、平安末の藤原鏡とそれに続く鎌倉時代鏡について、紀年銘、文様構成、断面形態を手がかりに、その変遷を明らかにした。

　第二部は、同じく2篇からなる埴輪の論文で、1.謂ゆる消火器形埴輪について―頭椎大刀と御神宝太刀との関係（考古学雑誌・昭和7年）と、2.埴輪家の研究（人類学雑誌・昭和6年）がおさめられている。前者は消火器の形に似た大刀形埴輪44例を細かに分類して、大刀の変遷を示唆したもの、後者は家形埴輪の形態的変異と出土状態から、豪族の屋敷の存在を指摘したもので、ともに形象埴輪の詳細な検討である。

　第三部は、1.上古時代の鉄鏃の年代研究（人類学雑誌・昭和14年）、2.上古時代の杏葉について（考古学評論・昭和16年）の2篇からなる。ここでも資料の多い鉄鏃と乗馬の風習にかかわる杏葉を中心に据え、集成と型式分類を行ない、古墳や正倉院御物と関連させながら編年を試みている。鉄鏃を106形式に分類したり、杏葉を朝鮮半島、中国にたずねるなど、徹底的な考察がなされた。

　後藤の考古学は、これらのどれを見ても遺物研究を中心にして、有職故実の知識を生かし、きわめて精緻に組みあげられたものであった。論文を読むと寸分もらさぬ資料の集積と、広い学識を駆使しての分析・解釈に接し、今更のように考古学にはこのような周到さが必要なのだと思う。文章は、後藤先生の講義口調がそのままによみがえり、「考古学に断定はいけない。まだ全ての資料が出揃ってはいないのだから」と石橋を敲いて渡る学問だったことが偲ばれる。

　後藤の研究以後、資料は倍加した。当時の方法論はもう古いともいわれる。けれど、ここに選ばれた論文は、基礎的な仕事として否定されることなく、将来ともに異彩をはなつものであろう。徹底的な集成、細かい形態分類、そこから導き出される洞察力は、余人の及ぶものではない。

　論文のあとに編者による収録論文解説がつけられている。論文の位置づけや内容がこれによってさらに鮮明になり、その後の研究成果も加えられているので、利用者には有益である。巻末にまとめられた後藤守一の略年表と主要著作目録は、この本をさらに便利なものとしている。　　　　（岡田淳子）

書評

菊池啓治郎学兄還暦記念論集
日高見國

同記念会
B5判 438頁
7,000円

本書は，岩手県考古学の指導者として名声高い菊池啓治郎氏（北上市前助役，日本考古学協会会員）の還暦を祝い，同氏と親交ある同学の知友や後学諸氏が労作を献じた記念論文集である。

菊池氏はいわゆる大学人ではない。戦後，樺山遺跡や江釣子古墳群などの重要遺跡の調査に携わった草分けであるが，その後は吏職の人となり，要職を歴任され，むしろ行政マンとして北上市政に大きな貢献があると聞く。その間，文化財保護行政にも深い熱意を示され，北上地方を東北考古学の先進地帯に発展させた功績は知る人の知るところである。日本考古学協会大会を二度開催した地方都市はおそらく北上市くらいであろう。その立役者としての菊池氏を大きく讃えるゆえんである。また近年は公務多忙な中，エジプト，中国，韓国と遺跡調査旅行にも参加され，その記録を纏めた『烏魯木斉・吐魯番事情』，『黄河とナイルのほとりにて』（私家版）などは鋭い観察と記述の正確さに専門家も舌を巻くほどで，ロマンの香がつたわる名紀行文といってよい。

本書の題目の『日高見國』（ひたかみのくに）は，エミシ本来の自称で，誇りに満ちた美称であり，これに北上をかよわせたことは心にくい。

東北の考古学・古代史を中心に24篇からなるが，執筆陣の錚々たる顔ぶれにまず驚かされる。資料紹介から，集成的研究，民族論，年代論，文化論，葬制史，社会人類学など多彩・多岐にわたって収められており，うち縄文関係と古代史に関するもの数篇を拾って紹介してみよう。

「縄文貝塚の規模」（鈴木公雄）は，伊皿子，木戸作，加曾利南の3貝塚の貝層の定量分析に基づく縄文社会の復元を目的としたもの。現代考古学者の考える枠組設定と先史社会当時の実態がはたして符号するものであるか，多方面からの検討が必要であろう。「日計式土器群の再検討」（中山清隆）は，特異な東北の押型文土器の編年的位置づけを関東以西の押型文や撚糸文土器の関連性から再検討を促したもの。「土偶の研究」（鈴木克彦）は，円筒土器文化に伴う土偶を集成し，岩偶との関係からその出現を大木系土器文化の影響とみた。もう一篇，斎藤尚巳氏の土偶紹介（「北上川流域の土偶について」）がある。「杓子形土製品の研究」（渡辺誠）は，縄文時代の食生活研究を実証的に行なった好論文で，単なる集成にとどまらず，日本文化史の中に位置づけようとする意欲がみられ，土器プロパーの研究者では及ばぬ視点もあって集成的研究の究極は斯くあるべきかと刺激を受ける。

7世紀の竪穴住居跡を扱った「岩手の古代集落」（高橋信雄）や時代的な墳墓の変遷を中心とした「東北北部の古代・中世墓について」（沼山源喜治）はともに地域の実態に即した手堅い仕事で，よく整理されている。引用文献も多く，他地域の研究者にはありがたい。「陸奥国最上置賜二郡を出羽国に移管した年代について」（佐々木博康）は，論旨がやや不明快である。霊亀2年9月条にみえる二郡の移管記事については，「許之。因……」と読めば，裁可記事とみてよいのではなかろうか。「坂上田村麿将軍剱とその流転」（水野正好）にみる水野氏の広い学識と博引旁証ぶりには驚くばかりで，日本古典考古学の一例と評価できるが，実証性にやや欠けるのは，氏の学問の性質のゆえであろうか。剣制を示す図がないのもわかりづらい。「奥六郡の歴史上の性格」（高橋富雄）は安倍・清原・平泉藤原氏と伝領され，古代末期の北奥在地豪族の領主制支配の基礎をなした奥六郡の領主権をエミシの側から展開した所謂高橋史学の典型的な議論である。

そのほかには「岩手県北上市周辺の旧石器について」（熊谷常正），「葬制の変遷とその意味」（林謙作），「アスファルトを使用した土器の補修」（野村崇），「亀ヶ岡文化におけるS字状入組文の分布」（稲野裕介），「岩手県九年橋遺跡出土の礫石鎚について」（藤村東男），「岩手県新里村和井内東遺跡出土の土器」（小田野哲憲），「出羽国分寺をめぐる諸問題」（川崎利夫），「日本列島における諸民族の形成」（工藤雅樹），「元慶の乱の側面観」（司東真雄），「津軽平野南半部中世城館存立の歴史地理的背景」（本堂寿一），「伽耶と日本の古墳文化」（江坂輝彌），「族譜と門中組織」（嶋陸奥彦），「西域と日本文化」（長澤和俊），「エジプトの土器作りの村を訪れて」（桜井清彦）の各論文がある。

この種の記念論集の刊行は，大学でかなりの権威と目される学者でさえ，還暦や定年にあたって実現されることは難しいものである。刊行会メンバーの努力は勿論であるが，菊池氏の北上市政への功績と篤実なお人柄がこれをなさしめたものと思う。

これからは，地方にあってもすぐれた研究者が，恵まれたフィールドや環境のもとで，資料の集積や研究ができる――そのような"地方の時代"の到来を印象づける本書の上梓を欣快とすべきである。

（岡 汲泉）

101

書評

スチュアート ヘンリ編著

世界の農耕起源
考古学選書 25

雄山閣
Ａ５判 288頁
3,000円

　植物を栽培化し，動物を家畜化する生産経済の様式が，どのような過程をへながら，いつ，どこで出現したかという問題は，人類の出現や都市文明の形成の問題とともに，考古学者にとっては大きな研究対象である。とりわけ農耕起源の問題は，単なる時代区分の目安となるばかりではなく，農耕民の間からのみ都市文明が形成され，また家畜を含めた農耕生産方式の差異によって，爾後の歴史的展開が大きく規定されたことを考えると，人類史上における最重要課題とでもいいうるであろう。伝播という形で農耕を受容した日本でも，農耕起源の問題については少なからぬ研究者がいて，西アジア，東南アジア，中国，アメリカについての論文も発表されている。ただ編者もあとがきで述べているように，日本全体からみれば観点にズレが生じているのも確かであり，農耕起源に関する学説は，世界史や人類史のシリーズの第1巻にまとめられるか，人類学の"教科書"に羅列されているだけであり，その意味では農耕起源の問題に的を絞り一書を編むことは，まことに当を得たものである。

　本書は1982年に早稲田大学で行なわれた西アジアと北アメリカの農耕起源についての二つの講演を中心にまとめられたもので，構成は次のようである。

　第一章　農耕文化出現の研究史（スチュアート　ヘンリ）
　第二章　旧世界における農耕牧畜の起源—西イランのガンジ・ダレ遺跡の事例から—（フィリップ・スミス　和田久彦訳）
　第三章　西アジアにおける「農耕の起源」—ザグロス地域を中心に—（浅野一郎）
　第四章　中国新石器時代の初期農耕文化（横田禎昭）
　第五章　東南アジアにおける農耕の生態学と進化（カール・ハッタラー　西村正雄訳）
　第六章　東南アジアの初期農耕論をめぐって（小川英文）
　第七章　北米先史時代における植物性食料の生産過程（リチャード・フォード　西村正雄訳）

　第一章は18世紀の理想主義的な文化進化論から，最新の古病理学研究による農耕の出現論に至るまでの，農耕起源に関する諸説がまとめられており，そうした各学説は，当時の歴史的・社会的状況と深いかかわりあいをもって提示された見通しを述べて結んでいる。

　第二章はスミスが自ら発掘したガンジ・ダレ遺跡の概要を示し，2階建の建物址を含め，各種の農耕道具，埋葬址を行なう段階のものと，前代との関連のあり方を検討して，多様な解釈のできうる状態を述べている。第三章の浅野論文は第二章をより理解するために，ザグロス地域を中心とした動向をまとめたもので，遺跡相互にはかなりの多様な差異がみられるものの，全体としては同じような歩みをたどることが指摘され，農耕の高い生産性と不可逆性のためにより農耕生産への求心性が増したことが論じられている。

　第四章は考古学的な遺跡や遺物の分析を通して，中国における農耕の展開につき論じたものであり，本書の中では全く性格を異にする考え方で進められている。この第四章と好対照なのが，第五，六章の東南アジアにおける農耕起源とその展開に関する部分で，伝統的な"文化形態学"的手法はとらず，生態学的システム論を多用した進化論的モデル（範例）を活用しながら，東南アジアにおける農耕の特殊性と一般性について言及している。最終章のフォードの論文も，栽培植物に関する研究を検討してフラナリーなどの生態学的システム論をとり入れてモデルをつくり，北アメリカ（合衆国）における類型化された農耕複合の展開について論じるものである。

　以上簡単にみてきたように本書で展開された農耕起源に関する諸論は，中国は別として主としてニュー・アーケオロジーの立場で説かれたもので編まれている。この学説については少数の人々によって日本に紹介されてきてはいるものの，それに対しては明確な反対論があるように，多くの日本の学者には受け容れ難い考え方である。

　考古学研究が一定の水準に達した地域では，万人とはいわないまでも，多くの研究者が"共有"できる考古学的事実が多くあるために，生態学的システム論も歴史的展開の中に活用しうるのであるが，東南アジアのようにそれが皆無の所では，モデルは空念仏にしかすぎなくなる恐れがあるのである。それはともかくとして，ニュー・アーケオロジー学派の英語はすこぶる難解であり，普通の語学力ではとうてい理解しがたいほどである。彼らの考え方の一端がこのように具体的問題について邦文で示されていることは，大変貴重で，世界の考古学界の動きを知るためにも，一読をおすすめしたい。（**甲元真之**）

論文展望

選定委員（五十音順敬称略）　石野博信　岩崎卓也　坂詰秀一　永峯光一

麻柄一志
局部磨製石斧を伴う石器群について

旧石器考古学　31
p. 61〜p. 75

日本列島の後期旧石器時代には局部磨製石斧と呼ばれる刃部を中心に研磨された斧形石器が存在する。ナイフ形石器に伴出するもので、東北地方から九州地方まで広がっているが、中部地方日本海側と関東地方が分布の中心となっている。中部地方日本海側では、富山平野を中心に13遺跡から23点の局部磨製石斧が出土しているが3遺跡でATを基準にその年代が与えられているにすぎない。本稿では中部地方日本海側で出土した局部磨製石斧に伴う石器群の実態を明らかにし、他地域で年代的位置づけの明らかな局部磨製石斧を伴う石器群との対比を試みた。

中部地方日本海側では、局部磨製石斧に伴う石器群は、いわゆる「立野ヶ原型ナイフ形石器」を中心とする石器群と東山系石器群に大別できる。火山灰の分析から「立野ヶ原型ナイフ形石器」はATより下位であることが判明しており東山系石器群はATより下位に位置するものと上位にくるものがあるが、石刃を素材とする掻器が伴っておらず、上位のものもATにより近い年代が考えられる。

西日本では、局部磨製石斧はいずれもATより下から出土しており、伴出するナイフ形石器は台形のものと縦長剥片を素材とするものがある。関東でもいずれもATより下からの出土で、とくに南関東では後期旧石器時代の初頭に限られている。伴出するナイフ形石器には不定形で簡単に二次加工を施したものもあり、権現後遺跡の

ように「立野ヶ原型ナイフ形石器」に類似する石器群もある。東北の局部磨製石斧を伴う石器群も、石刃技法の特徴から最古の段階に位置づけられ、台形のナイフ形石器を有する。従来局部磨製石斧を伴う立野ヶ原型ナイフ形石器は、北陸の地域色の強い石器群と理解されていたが、後期旧石器時代前葉の汎日本的な石器群との位置づけが可能である。　　　　（麻柄一志）

山本暉久
いわゆる「環礫方形配石遺構」の性格をめぐって

神奈川考古　20号
p. 1〜p. 20

縄文時代人が使用した、いろいろな道具や大地を刻んで遺された各種の構築物の中には、現代のわれわれにとって、その用途・性格などが明らかにしえないものがいくつかみられる。なかでも、配石遺構と称している、石を多数用いた特異な構築物は、墓地であるとか、何らかの祭祀行為の結果であるなどと考えられているが、当時の精神活動の結果ということに起因してか、その実態が今一つ明確にされていない。

そうした配石遺構の中に、『環礫方形配石遺構』と呼ばれる特異な遺構の存在がある。この遺構の特異性は、なんといっても、プラン周縁を方形にめぐる小礫群と、それに伴う多量の焼土の存在であり、これが、なんらかの火入れ行為の結果と想定され、この遺構を特殊な祭祀施設であるとする理解が、これまでなされてきたのである。しかし、この小礫とそれに伴う焼土という特異なありかたを除くと、柱穴や炉跡の存在、あるいは、炉跡から出入口部（張出部）へ向けて敷石される例などから、

他の一般的な住居跡や敷石住居跡のありかたときわめて類似していることが指摘できるのである。

『環礫方形配石遺構』は今のところ、東京・神奈川県域に8遺跡12事例が知られており、時期的には、確実な例としては、後期中葉・加曾利B式期のものである。ところで、この住居内に小礫をめぐらす行為は、この『環礫方形配石遺構』にとどまらず、それ以前の中期末葉段階の柄鏡形（敷石）住居跡の中にも認められ、周壁をめぐる柱穴群を覆うありかたからも、こうした行為が、住居廃絶後に行なわれたことをうかがわせており、『環礫方形配石遺構』と何らかの系譜を有するものと理解される。したがって、『環礫方形配石遺構』は、後期中葉段階の住居・敷石住居の廃絶に伴う何らかの特殊な祭祀行為結果の姿であったものと思われる。（山本暉久）

関川尚功
大和における大型古墳の変遷

橿原考古学研究所紀要　考古学論攷 17
p. 61〜p. 116

大和に所在する大型古墳は、古墳時代の歴史を考える上で最も重要な位置を占めていることはいうまでもない。本稿では近年、急速な進歩をみた円筒埴輪編年の成果を活用し、大和の大型古墳の編年を改めて行ない、古墳時代というきわめて特異な時代の一端を明らかにしようと試みたものである。

古墳編年作業を行なった結果は次の通りである。大和の大型古墳は前期においては東南部に集中するが、中期にはその主体を奈良盆地の西部に移動する。しかし後期になると再び盆地南部に集中するという顕著な傾向が判明した。

この事実についてはいくつかの

解釈が可能である。まずこのような古墳の変動にもかかわらず、大和の集落遺跡の中心は古墳時代を通じ一貫して盆地東南部にあり、政権中枢の所在地には変化はないとし、大古墳群の存在する地域がすなわち政治勢力の存在を示すものではないととらえた。そして中期大型古墳の大和西部、大阪平野に移動する理由は朝鮮諸国に対する係わりによるものと考えた。

このような大型古墳の相互関係を巨視的にみると、その動きは互いに連動していることがうかがえ、畿内中枢部の大型古墳の立地変動については特定の意志が働いているものと理解できる。したがって古墳の動きからみる限り、そこにはかなり整備された統治組織をもつ政権の存在がうかがえ、古墳時代を一律に豪族連合政権ととらえることは難しいと理解した。

古墳時代がいかにして開始されたかということについては、その開始時期をほぼ4世紀中葉ととらえ、同時期の国際環境を理解するならば、楽浪・帯方郡滅亡による中国の政治的影響力の低下のもとに、すでに国家形成をなしとげていた高句麗が軍事力をともなう南進を行ない、これに強く反発する倭・韓地域の小国家群との間にあらたな政治的緊張関係が生じ、この結果、倭国・百済・新羅などの初期国家の形成が決定づけられたものと考えた。　　　（関川尚功）

──────────────

佐々木幹雄

子持勾玉私考

古代探叢　Ⅱ

p.319〜p.352

──────────────

子持勾玉の型式分類・編年の成果はこれまでいくつか出されてきたが筆者はそれらを参考にして、親子別々の分類を試みた。

まず、親勾玉では頭尾部が截断され、断面の丸い基本型、頭尾部丸く、断面楕円形をなす発展型、頭尾部鋭く、断面が扁平、板状となる退化型に三分類しえる。子勾

玉でも一個一個独立した基本型、子が連接したり、単に奇数の突起を配しただけの発展型、子が親の身を挟る退化型に三分類しえる。基本型の親には基本型の子が多く、発展型の親では発展・退化型の子が増え、退化型の親には発展・退化型の子が圧倒的に多くなる傾向を示す。その変化はとくに子において勾玉形の意識がなくなることである。各型式重複しつつも5世紀中葉から6世紀後葉まで基本型→発展型→退化型へと変化し、7世紀代には藤原宮のような形骸化した形に収束する傾向を示す。

子持勾玉とは一体何か。古代の石製武器とする考えはさておき、その姿からは親から子が続々と化生してくるイメージがあり、豊穣、増福、繁栄の観念がみられる。使用例からは古墳の場合は鎮魂・祖先祭祀、集落跡の場合は民衆の日日の生産と生活の安定、豪族の居館址の場合は支配と地位の保全・維持といったことなどが考えられる。一見まとまりのないようだがよく考えると、安定・繁栄・豊穣などの観念がうかがえる。

日本を東西にわけると、東国では基本型が多く、発展・退化型の展開が極端に乏しい。これに対し西国は各型式がすべて揃い、とくに発展・退化型の展開が著しい。近畿、北九州はとくに顕著で、三輪山、沖ノ島などでは王権と関わる祭祀に継続的に用いられている。

子持勾玉とは畿内で生まれ、王権と深く関わりつつ西日本で発達した祭祀遺物といえる。また東海・東山両道の合流地域の関東中・北部で全国の約1/3を出すのは大和王権の積極的な東国進出を物語るものであろう。（佐々木幹雄）

──────────────

上原真人

天平12, 13年の瓦工房

研究論集　Ⅶ（奈良国立文化財研究所学報　第41冊）

p.103〜p.154

──────────────

従前「山城国分寺の文字瓦」と

して著名であった人名を押印した平・丸瓦は、国分寺施入以前の恭仁宮所用瓦であり、同じ印を押捺した東大寺法華堂瓦・平城宮瓦を含め（これらを「恭仁宮式文字瓦」と総称する）、天平12〜15年のきわめて短期間に、恭仁宮造営官司付属の西山瓦屋で製作されたものと推定できる。刻印の意味に関しては「瓦寄進者名」説と「瓦工名」説とが提起されているが、平瓦法量の分布差や印の押捺位置・方向差が刻印差とよく対応することから「瓦工名」説が妥当である。

恭仁宮式文字瓦の印押捺率はきわめて高く、同じ姓・名でも「大」字を付したり字体を変えたりして刻印が識別できるように工夫しており、瓦工ごとの製品を弁別する機能があった。これは、西山瓦屋が作瓦量に応じて雇瓦工（臨時雇工）に賃金を支給する出来高支払制を採っていたことを示す。刻印のない同じ製作技法による平・丸瓦を司瓦工（常勤工）の製品と仮定すると、常時4人の司瓦工が12人の雇瓦工を指導して生瓦製作に携わり、合せて36〜43人の雇瓦工が生瓦製作に関与したと推定できる。また、西山瓦屋においては、製作の手間と必要量とを勘案した上で、平瓦製作瓦工と丸瓦製作瓦工とを分業的に配属していたことも明らかである。

西山瓦屋と同様に瓦工名を製品に押印した例には、多賀城第Ⅱ期や隋唐洛陽城の平・丸瓦がある。これらは年代的にも近接し、同じ労務管理方式を採っていたと想定できる。これに対し『延喜式』木工寮瓦屋では造瓦工程ごとに瓦工・雑役夫の仕事量を定め、基本的に上日数（出勤日数）と仕事内容とで賃金を支払う方式に移行している。その実施に際しては数量検印を生瓦に押捺した。この移行の背景には、事務系官人の仕事の軽減化および瓦屋官営化の強化があり、中央官衙系瓦屋におけるその移行年代は8世紀中葉と推定できる。　　　（上原真人）

文献解題

岡本桂典編

◆日本史の黎明―八幡一郎先生頌寿記念考古学論集― 八幡一郎先生頌寿記念考古学論集編集委員会編 六興出版刊 1985年3月 A5判 780頁
縄文土器文化の起源を探る
‥‥‥‥‥‥‥江坂輝彌
海と山の縄文人―形態の地域差と時代差―‥‥‥‥池田次郎
貝塚覚書‥‥‥‥‥‥関根孝夫
縄文集落の衰退と配石遺構の出現
‥‥‥‥‥‥‥鈴木保彦
縄文時代における埋葬の形態とその変遷―東京湾北岸，特に葛飾地方を中心として―‥岡崎文喜
縄文時代晩期における焼けた獣骨について‥‥‥‥‥新津 健
縄文時代の織布について若干の考察―青森県石郷遺跡発見の一資料を中心に―‥‥‥‥村越 潔
編布の研究‥‥‥‥‥渡辺 誠
硬玉の出現と産出地‥‥寺村光晴
縄文時代の終焉‥‥‥‥小林達雄
北部九州弥生文化の研究と課題―豊前地方を中心として―
‥‥‥‥藤井 巧・酒井仁夫
弥生時代開始期の佐賀平野―大和町礫石遺跡を中心として―
‥‥‥‥‥‥‥田平徳栄
沖縄編年のいわゆる後期遺跡について―弥生文化との関連において―‥‥‥‥‥‥高宮廣衞
東北地方における稲作農耕の成立
‥‥‥‥‥‥‥伊東信雄
有肩打製石器小考‥‥‥‥乙益重隆
高床倉庫の系譜をめぐって
‥‥‥‥‥‥‥木下正史
鉄製鍬・鋤先の周辺‥‥‥岩崎卓也
長江下流域先史文化の日本への影響‥‥‥‥‥‥‥安 志敏
　　　安藤正士・青木一元訳
日本への農耕伝播の一問題―私考ムギの伝播について―
‥‥‥‥‥‥‥賀川光夫
華北早期新石器文化の遺跡立地―湖沼・沼沢地をめぐって―
‥‥‥‥‥‥‥藤本 強
凹字形金属製農具について

‥‥‥‥‥‥松浦宥一郎
沿海州の初期農耕について
‥‥‥‥‥‥‥加藤晋平
弥生文化と朝鮮半島―その交流のあり方について―‥‥田村晃一
朝鮮全羅南北道支石墓集成
‥‥‥‥‥‥‥甲元眞之
R・ヒッチコック著（1890年）エゾ地の古代竪穴居住者
‥‥‥‥‥‥‥北構保男訳
道南地方に見る擦文文化終末住居様式の諸形態‥‥‥前田 潮
伊豆諸島の考古学・民俗学的研究―予報―‥‥‥‥橋口尚武
玉纒大刀について‥‥‥大和久震平
積上式経筒試論‥‥‥‥三輪嘉六
視点を定めた漢式鏡図像
‥‥‥‥‥‥‥増田精一

◆龍門寺遺跡―いわき市埋蔵文化財調査報告 第11冊 福島県いわき市建設事務所 福島県いわき市教育委員会刊 1985年3月 B5判 633頁
福島県の南部，いわき市を流れ太平洋に注ぐ滑津川の支流草木川左岸の丘陵上に位置する遺跡。縄文時代早期の小竪穴1基・土坑6基・小ピット，弥生時代中期の竪穴住居跡2軒・土坑1基・溝跡など，古墳時代の竪穴住居跡10軒・6世紀後半～7世紀前半に比定される古墳7基，平安時代の住居跡4軒，室町～江戸時代の柱穴群・井戸跡11基などが検出されている。遺物は縄文時代・弥生時代中期・古墳～平安時代の土器群，弭飾金具など，中～近世の輸入陶磁器類，美濃・瀬戸などの陶磁類である。

◆三ツ木遺跡―一般国道17号（上武道路）改築工事に伴う埋蔵文化財発掘調査報告書 群馬県教育委員会・群馬県埋蔵文化財調査事業団刊 1985年3月 A4判 412頁
群馬県の南東部，利根川の支流早川の右岸台地の微高地に位置する遺跡。縄文時代の土坑4基，弥生時代後期の土坑1基，古墳時代

初頭～平安時代の竪穴住居跡約200軒，古墳時代初頭の方形周溝墓1基・掘立柱建物跡10軒，井戸跡6基，柵列1列，土坑，溝などである。遺物はこれらに伴う土器，墨書土器・埴輪・青銅製巡方などが出土している。

◆三ツ木遺跡―早川河川改修工事に伴う埋蔵文化財発掘調査報告書 1985年12月 A4判 86頁
隣接する同三ツ木遺跡の一部分早川改修に伴う調査の報告で，同遺跡の住居跡群は250基に及ぶ大集落である。

◆土橋遺跡―基礎資料編― 一般国道1号（袋井地区）埋蔵文化財発掘調査報告書 袋井市教育委員会刊 1985年3月 A4判 291頁
静岡県の南部，遠州灘に注ぐ大田川左岸，川底平野の微高地に位置する遺跡。弥生時代後期の土坑・溝，古墳時代～平安時代の土坑・掘立柱建物跡，中世の屋敷跡・掘立柱建物跡・溝・土坑墓など，近世後期の杭列・犬を埋葬した土坑が検出されている。出土遺物はこれらに伴う土器，國厨などを墨書した墨書土器70点，近世の杭に打ち込まれた卒塔婆などが出土。

◆特別史跡―乗谷朝倉氏遺跡発掘調査報告1―朝倉館跡の調査― 福井県教育委員会刊 1976年3月 A4判 279頁
一乗谷朝倉氏遺跡は，文明3年朝倉孝景が城を移し，天正元年に朝倉義景が織田信長に滅ぼされるまでの約100年間栄えた著名な居城跡である。昭和43～48年にかけて調査された朝倉館跡の発掘調査と環境整備報告。館は書院造りに属するもので，16軒の建物跡・庭園跡が検出され，遺物は多量の陶磁器類・木製品が出土している。

◆保光たたら 広島大学文学部内保光たたら調査団刊 1985年3月 B5判 74頁
広島県東北部，瀬戸内海に注ぐ成川の支流東成川の最上流，比婆

郡東城町に所在する遺跡。検出された遺構は，高殿・大鍛冶場・炭窯で操業年代は18世紀中頃と推定されている。床釣り施設は石を多く用いた構築で構築方法を明確にできるものである。遺物は製鉄関係の他に陶磁器・煙管などがある。

◆白岩西遺跡─北九州市八幡西区白岩町所在の中世墓群の調査─
北九州市埋蔵文化財調査報告書第43集　北九州市教育文化事業団埋蔵文化財調査室刊　1985年3月　B5判　214頁　別冊30頁

九州の北部，遠賀川の支流黒川の右岸丘陵上に立地する鎌倉～江戸時代にわたる墳墓群。遺構は谷を挟むA・B2地点に分かれ，地山を整形し構築した集石墓群である。A区は総数233基の墓が検出され，立地，墓道などにより10群に区分され，B区では13基の墓が検出されている。地上標式として自然石・五輪塔・板碑などが認められる。蔵骨器は陶製五輪塔・輸入陶磁器・土師器が用いられている。他に土師器小皿・五鈷杵などが検出されている。墓は香月（勝木）氏の一族の墓所と推定される。

◆東洋文化研究　第4号　いわき東洋文化研究会　1985年6月　B5判　28頁
福島県における中世土器の覚書
　　　　　……………中山雅弘
いわき市内における城館跡の発掘調査状況……………吉田生哉
石城における複弁蓮華文鐙瓦小考
　　　　　……………大竹憲治
福島県いわき市平・酢釜平遺跡採集の天王山式土器……樫村友延

◆MUSEUM　第415号　東京国立博物館　1985年10月　B5判　33頁
考古学成果を踏まえた陶磁史の精神史的理解…………矢部良明
十七世紀における肥前磁器の変遷─発掘資料を中心として─
　　　　　……………大橋康二
初期伊万里から輸出磁器への展開─考古学資料による新資料を基にして─…………西田宏子

◆MUSEUM　第416号　東京国立博物館　1985年11月　B5判

38頁
須恵器の造型とその変遷─とくにその歴史的背景の検討を通じて
　　　　　……………中村浩
出土陶磁よりみた十五，十六世紀における画期の素描…小野正敏
室町後期・桃山前期における茶陶の発生と展開………赤沼多佳

◆日本古代文化研究　第2号　古墳文化研究会　1985年12月　A4判　26頁
古墳出土鉾の分類と編年
　　　　　……………臼杵勲
環状鏡板付轡の規格と多変量解析
　　　　　……………岡安光彦
古墳時代の金属製壺鐙…斎藤弘

◆神奈川考古　第20号　神奈川考古同人会　1985年4月　B5判　150頁
いわゆる「環礫方形配石遺構」の性格をめぐって………山本暉久
奈良，平安時代相模国の掘立柱建物─尾尾・向原・上浜田遺跡の住居と倉─………伊丹徹
関東地方出土の輸入陶磁器について……………服部実喜
考古学上の仮定と事実─形態・機能・スタイル─……御堂島正
考古学における第三の波
　　　　　……………長岡史起
相模原市「長久保遺跡」採集の先土器時代遺物………中村喜代重
東京都新宿区大久保二丁目採集の有舌尖頭器
　　　　　…中田英・服部実喜
大磯町馬場台遺跡出土の弥生土器について…鈴木一男・矢野慎一
芝・白金台から出土した横浜・ジェラール瓦…………岡本東三

◆貿易陶磁研究　第5号　日本貿易陶磁研究会　1985年10月　B5判　159頁
古代・中世の陶磁と日本
　　　　　……………三上次男
日本における初期高麗青磁について─大宰府出土品を中心として
　　　　　……………山本信夫
北部九州出土の高麗陶磁器─編年試案─…………森田勉
瀬戸内の中世遺跡から出土した高麗・李朝陶磁………篠原芳秀
平安京とその周辺における遺跡出

土高麗・李朝陶磁器について
　　　　　……………百瀬正恒
根来寺における高麗・李朝陶磁器について…………上田秀夫
堺環濠都市遺跡出土の李朝の陶磁器……………森村健一
一乗谷出土の朝鮮製陶磁器
　　　　　……………岩田隆
高麗の陶磁とその窯址
　　　　　……………香本不苦治
莞島海底出土の陶磁器について
　　　　　……………尹龍二
李朝官窯の変遷とその製品
　　　　　……………尹龍二
中世鎌倉における陶磁器構成の時代的変遷………服部実喜
岡山県助三畑遺跡出土遺物の再検討……橋本久和・福田正継

◆石川考古学研究会々誌　第28号　石川考古学研究会　1985年3月　B5判　136頁
北陸地方における縄文世界の動態に関するノート………橋本澄夫
石川県における打製石斧について
　　　　　……………山本直人
北陸における縄文時代の動物遺体出土遺跡と水域環境─上山田貝塚の立地分析を中心に─
　　　　　……………平口哲夫
石川県主要古墳群分布調査第7年度報告（1）─前波古墳群の検討─…………石川考古学研究会
鳥屋町末坂古墳群分布調査報告
　　　　　……………唐川明史
小型高坏の一考察─北加賀における小型高坏形土器の出現と変移についての基礎的考察─
　　　　　……………宮本哲郎
鳥屋町春木小谷内谷・黍谷地内の窯跡群について………近間強
羽咋郡志賀町矢田地内出土の坩形土器……………唐川明史
殿山城趾附近出土の珠洲古陶
　　　　　……………唐川明史

◆大境　第9号　富山考古学会　1985年10月　B5判　124頁
富山県下遺跡出土の黒曜石遺物の石材産地分析
　　　　…薬科哲夫・東村武信
北陸の東山系石器群……奥村吉信
製鉄用炭窯とその意義…関清
朝日貝塚の朝日下層式土器再見

……小島俊彰
魚津市升方遺跡採集遺物の紹介
……山本正敏
石斧瞥見―射水郡小杉町石坂採集
の打製石器……砂田佳弘
井波町犬藪遺跡出土遺物の紹介
……岩倉節郎・上野　章
安居・岩木窯跡における新資料の
紹介Ⅱ……安念幹倫・林　浩明
山森伸正
富山県魚津市友道遺跡出土の瓦に
ついて…広田寿三郎・麻柄一志
大境遺跡の製塩土器……岸本雅敏
◆古代文化　第37巻10号　古代学
協会　1985年10月　Ｂ５判　46頁
北海道式古墳再考……天野哲也
◆研究論集　Ⅶ　奈良国立文化財
研究所学報　第41冊　奈良国立文
化財研究所　1985年1月　Ｂ５判
154頁
古代都城制地割再考……井上和人
天平12, 13年の瓦工房……上原真人
◆旧石器考古学　第31号　旧石器
文化談話会　1985年10月　Ｂ５判
94頁
西八木出土「古人類前頭骨」の初
歩的検討……春成秀爾
中国の旧石器時代文化研究のため
に……山中一郎
中部地方日本海側の石刃石器群
……奥村吉信
局部磨製石斧を伴う石器群につい
て……麻柄一志
宮城県における旧石器時代前・中
期をめぐる最近の批判について
……鎌田俊昭
徳島県宮川内谷川流域の遺跡
……高橋正則
二上山・鶴峰荘第1地点遺跡の一
資料……佐藤良二
藤井寺市北岡遺跡採集の石器
……高山正久
◆考古学論集　第1集　考古学を
学ぶ会刊　1985年10月　Ｂ５判
256頁
耳原遺跡と東奈良遺跡…奥井哲秀
銅鐸に描かれた絵画―「三角頭と
丸頭のモチィーフ」の世界
……久貝　健
山・丘の弥生ムラと屋外火焚場
……森岡秀人
古墳発生をめぐる研究上の諸問題

……酒井龍一
中河内の庄内式と搬入土器につい
て……米田敏幸
長原遺跡出土の特異なタタキメの
みられる土器について
……田中清美
御墓山古墳の検討―伊賀地域にお
ける前期古墳の編年的位置をめ
ぐって……山本雅靖
『七世紀型古墳群』について
……木下保明
横口式石槨墳の思惟…玉村登志夫
奈良時代居住形態の一例―和歌山
県吉田遺跡について―
……三宅正浩
山城盆地に於ける条里遺構の復原
計算―平安京下層遺構の場合―
……久世康博
明治三十年京都豊国廟再建と巨石
運搬について……神谷正弘
◆芸備古墳文化論考　芸備友の会
1985年3月　Ｂ５判　202頁
広島県出土の鳥形須恵器
……河瀬正利
竹原市毘沙門岩下採集の陶棺
……田邊英男
弥生および古墳時代における柱穴
内出土土器……桑原隆博
三ッ城古墳の研究成果と再検討
……松村昌彦
石室の特徴からみた御年代古墳の
性格……脇坂光彦
広島県の古墳時代人骨…吉岡郁夫
吉備における備後地域の歴史的位
置……西川　宏
芸備地方における須恵器生産（1）
―古墳時代を中心として―
……向田裕始
黒谷暮坪1号古墳の調査
……脇坂光彦
消えた古墳―広島県古墳白書―
……芸備友の会
◆松江考古　第6号　松江考古学
談話会　1985年8月　Ｂ５判　96
頁
出雲地方古墳出現前後の土器編年
試案……赤沢秀則
古墳時代前期の東山陰―特に北兵
庫の群小古墳―……瀬戸谷晧
出雲地方東部の古式須恵器につい
て……房宗寿雄
たたら製鉄の炉床構造について―

中国地方における調査成果から
……杉原清一
能義郡広瀬町内出土古瓦
……内田律雄
徳楽方墳出土の土器……東森市良
安来市立飯梨小学校保管の「円筒
土器」……永見　英・大谷晃二
松江市大井町山巻遺跡採集の土器
について……三宅博士
◆愛媛考古学　第8号　愛媛考古
学協会　1985年5月　Ｂ５判　56
頁
愛媛県南宇和郡御荘町平城貝塚
（縄文後期）人骨所見概報
……小片　保
松山市文京遺跡の組帯文土器
……名本二六雄
西四国における小松川式土器の設
定……犬飼徹夫
愛媛県今治市町谷・新谷地域の考
古学的調査……正岡睦夫
伊予土居町入野西番掛遺跡出土の
銅剣……西田　栄・長井数秋
岩城島所在板碑……十亀幸雄
◆肥後考古　第5号　肥後考古学
会　1985年7月　Ｂ５判　222頁
特集：熊本の旧石器文化
旧石器時代研究略史……江本　直
地層概観……江本　直
遺跡の概観……木崎康弘
遺跡と遺物
旧石器時代研究の現状と課題
……江本　直
1.　熊本市東南方大峯遺跡の地質
―とくに含旧石器ローム層につ
いて―……古川博恭
柴崎達雄・満塩博美
2.　九州における細石器文化の共
伴遺物……橋　昌信
3.　九州における国府系旧石器の
系譜―岩戸Ⅰ・船塚第Ⅶ層石器
群を中心に―……松藤和人
旧石器時代遺跡地名表
……江本　直・古森政次
木崎康弘
旧石器時代関係文献目録
……平岡勝昭・江本　直
◆琉大史学　第14号　琉球大学史
学会　1985年6月　Ｂ５判　104頁
沖縄のシャコ貝製斧概観
……安里嗣淳

学界動向

「季刊 考古学」編集部編

─────九州地方

94cm の鉄製直刀 熊本県上益城郡益城町教育委員会が調査していた同町寺中上神内の上神内横穴墓群から直刀などが発見された。上神内横穴墓群は約 30 基あり、6世紀後半から7世紀前半にかけての後期のもの。今回調査の対象になった 11 基のうち、3基から鉄製直刀4本が発見された。最長の直刀は長さ 94cm、幅 3.5cm で保存状態もよい。このほか銀環1点、ガラス玉1点、須恵器多数が出土した。阿蘇溶結凝灰岩をくり抜いた同横穴墓は、内側を全面赤く塗っているものが多い、コの字型の屍床が多い、2基には閉塞石があるなどの特色をもっている。

弥生後期住居の建築材 大分県東国東郡国東町教育委員会が発掘調査を続けている同町安国寺の安国寺遺跡で弥生時代後期の高床式住居の建築材がほぼ1軒分発見された。みつかったのは住居跡のすぐ東側の濠跡で、長さ 1.6m のはしごや直径 14cm のたる木、直径 8cm の柱、3～4m の板材など加工した木材が 160 点折り重なって出土した。板材には両端に仕口が切り込まれていたり、腐食を防ぐために焼いた跡もあった。この建築材は高床式住居か倉庫のもので、部材が発見された場所は第一住居址の東端にあたるため、倒れた建物がそのまま周濠になだれこんだ可能性が強いと思われる。

カメ棺 500 基 佐賀県三養基郡上峰村教育委員会が発掘調査を続けていた同村堤の船石南遺跡で、約 1,300m² の畑から弥生時代前期末～中期後半のカメ棺約 500 基が集中して発見された。カメ棺は一部切り合った形で出土しており、未調査の 600m² を含めると全体で 700～800 基ほどになるの

ではないかとみられている。副葬品には長さ約 20cm の完形品を含む石剣2点があった。またカメ棺のほか、同時期の土壙墓や木棺墓 70 基もあり、現在の水田地域には弥生～古墳時代の住居跡 40 軒も発見された。近くには弥生時代中期の多くの副葬品をもつ二塚山遺跡や支石墓がつくられた船石遺跡などがあり、小国家にあたる集団の存在も想定される。

銅矛に木製の柄 福岡市教育委員会が発掘調査を行なった福岡市西区の吉武大石遺跡から弥生時代前期末～中期初頭のカメ棺約 200 基、木棺墓6基が発見され、その中から木製柄の一部を残した銅矛や木製の鞘を付けた銅剣など青銅器 12 点が出土した。45 号カメ棺からは長さ 35cm の細形銅矛と同 29cm の細形銅剣がみつかり、銅矛の袋部には柄の一部とみられる長さ 9cm の木片が残っていた。また5号木棺墓からは木製鞘におさめられた長さ 30.5cm の銅剣も出土した。鞘は破損が激しいが原形をほぼ再現できる。隣接の吉武高木遺跡では 12 基の墓から鏡、管玉、勾玉や青銅器多数が発見されているが、今回の大石遺跡からは装飾品が出土しないかわりに青銅器類は高木遺跡に匹敵する数がみつかった。青銅製武器はこれまで儀礼用とされてきたが、今回の発見で武器として実際に使用された可能性もでてきた。

箱式石棺から後漢鏡 北九州市教育委員会が第2次発掘を行なっていた市内小倉南区貫の高島遺跡から後漢時代の内行花文鏡の破片が出土した。9基出土した箱式石棺のうちの1基から 40 歳前後とみられる人骨（頭骨）とともに発見された青銅鏡で、大きさは 4cm×5cm。すぐ横の石棺から弥生時代終末期の高坏が出土したことから、花文鏡も同時代と推定され

る。また他の石棺からはやはり同終末期の竪櫛が発見された。竹製で長さ約 4cm の歯が5～6列並んでおり、表面には黒漆を塗っていたらしい。

─────中国地方

足首切断の弥生人骨 山口県豊浦郡豊北町の国指定史跡・土井ヶ浜遺跡で豊北町教育委員会による第 10 次発掘調査が行なわれ、8体のうち1体が死後両足を切断した上で埋葬されていることがわかった。この人骨は弥生時代前期の女性で、身長 156cm、推定年齢は 20 歳前後。仰臥伸展葬だが、両足の間に胎齢8カ月前後の胎児の骨も確認された。女性の足首は両足とも関節で切断され、左足の指先は足首の内側に向ける形で、また右足の指先は地中に差し込んだ形で検出された。きわめて特異な埋葬習俗として注目される。また九州大学医学部解剖学教室では出土人骨の歯型の遺伝的特徴から、血縁関係を割り出すことに成功した。これは土井ヶ浜遺跡の約 10m² の範囲に集中していた5基の墓から出土した8体の人骨を鑑定した結果、複数の人骨相互に血縁関係があったと推定できる数値が表われたもので、今後 200 体余りの人骨すべてについても調査が行なわれる予定である。

後期古墳から箔入りガラス玉 岡山市教育委員会が発掘調査していた同市上道北方の塚段1号墳から箔入りのガラス玉4点がみつかった。ガラス玉は、単珠と連珠の2種類があり、それぞれ2個ずつ発見され、いずれも直径 9mm を計る。透明なガラス玉の表面に金か銀とみられる箔が張られ、それを覆うようにさらに透明なガラスで包まれていた。径約 2mm の糸通し穴があり装身具に使われたらしい。この種のガラス玉は、地中

海東部から黒海北岸にかけて，その分布の中心があり，外来の品と推定されている。塚段1号墳は径約20mを計る円墳で，内部主体は長さ9.4mの横穴式石室で，古くに破壊されていたが，床面からは金環・銀環・ヒスイ製勾玉・ガラス玉などの豊富な装飾品とともに銅鏡・馬具・鉄鏃などの鉄製品・須恵器が発見され，6世紀中葉の築造と推定されている。

周溝から土馬13点　倉吉市教育委員会が発掘を進めている市内上神のクズマ古墳群で7世紀後半の土馬13点が発見された。土馬は6世紀後半に造られたとみられる円墳8基のうちの4基の周溝からみつかったもので，とくに7号墳からは土製支脚，カマド，手捏土器などとともに5点の土馬が一括出土した。土馬（全長10cm，高さ5cm）はいずれも鞍をつけた飾り馬で，他例と比べて馬の顔は牛に近いもの。6世紀前半の住居跡も24軒発見されたが，現場では集落が廃絶された後に古墳が造られたらしい。

──────── 四国地方

弥生前期の木製農具　高知県香美郡香我美町の遠崎遺跡で高知県教育委員会による発掘調査が行なわれ，弥生時代前期の木製農耕具が発見された。木製品は長さ約30cmのえぶりの先端部やネズミ返しなど約50点で，県下でこれほどまとまって出土したのは珍しい。そのほか弥生時代前期，中期の土器1,000点余，ドングリの実や獣骨など数点も出土した。また4世紀ごろの杭十数本もみつかり，堰の一部である可能性が高い。

──────── 近畿地方

「驛」と書かれた墨書土器　古代山陽道にあたる兵庫県竜野市揖西町の小犬丸遺跡で兵庫県教育委員会による発掘調査が行なわれ，「布勢」や「驛」と書かれた墨書土器が出土し，道路状遺構や瓦の発見とも合わせて，布勢駅家跡であることがほぼ確実になった。同遺跡ではさる59年に建物跡4棟と大量の播磨国府系瓦がみつかっているが，今回の調査で幅7mの道路遺構と「布勢」の文字が書かれた土師坏（この他にも須恵器に「布勢□」「布世井マ」がある），さらに「驛」と書かれた須恵器坏の出土で駅家跡説が補強された。また墨書土師器片の残りの部分もみつかり，「布勢」の後に「井邊家」と文字が続いていることもわかった。さらに駅家跡との関係は不明だが，全長71cm，幅17cm，厚さ5cmでコウヤマキ製の鳥形木製品も発見された。頭，胴，尾の部分を示しており，翼はない。5世紀中ごろから8世紀までに作られたものとみられている。

5世紀前半の須恵器窯跡　吹田市朝日が丘町の千里丘陵南端部で5世紀前半に築かれた須恵器の窯跡が吹田市教育委員会による発掘調査で発見された。窯跡は吹田32号窯跡といい，現存する長さ4m，幅1.4mの一部地下式登窯で，窯体内などより出土した斜め格子文様と鋸歯文様の組み合わせをもつ器台や，口縁に突帯をもつ甕などを含んだ初期須恵器から，わが国最古級の窯跡であることがわかった。千里丘陵には豊中市と合わせて約100基の窯跡が確認されているが，最も古いもので5世紀終わりごろといわれていた。

鎌倉時代の厄除け木簡　大阪府教育委員会・大阪文化財センターが発掘調査を行なっていた松原市の観音寺遺跡から厄除け祈願に使われたとみられる鎌倉時代の呪符木簡が出土した。この木簡は13世紀後半の土器とともに井戸から出土したもので，長さ約16cm，幅約2cm。表には「昔蘇民将来子孫住宅也」，裏には「南天五大力□□」と書かれていた。とくに表の文字は現在の祇園祭の「ちまき」にも書かれており，中世の庶民信仰がうかがわれるものとして貴重。さらに同遺跡からは室町時代の「西城房」「寺」などの文字瓦も出土したことから，付近に寺院が存在した可能性が強い。

「上毛野朝臣廣人」の木簡　奈良市佐紀町の特別史跡・平城宮跡第一次朝堂院跡南東部で奈良国立文化財研究所による発掘調査が行なわれ，『続日本紀』に7度登場する奈良時代初期の高級官僚「上毛野朝臣廣人」の名前がある木簡が出土した。この木簡は第一次朝堂院と第二次朝堂院の南辺部をつないでいた一連の囲い施設南側の土壙（直径約3m）の中に一括投棄されたとみられる約200点の木簡の削りくずとともに埋まっていた。9.5×1.6cmの断片で，名前の部分しか残っていない。廣人は養老4年（720）に正五位下に昇進してまもなく按察使として陸奥国に赴任し，同年の9月に戦死したという。一緒に出土した木簡に和銅8年（715）の年号があることから，この年に捨てられた可能性が強いという。また「受財而」と書かれた木簡もあり，弾正台で使われたものと推定される。

阿部丘陵から巨大建物跡　桜井市教育委員会が発掘調査を進めている，桜井市阿部字中山の阿部丘陵遺跡群中山地区で，二重の廂をもつ飛鳥時代の巨大な建物跡が発見された。現場は標高110mの丘陵先端部で，建物は東西24.5m，南北18.5mの規模。母屋に当たる部分は東西5柱間（19m），南北3柱間（14m）で，東西中軸線上には一辺約2m，深さ2mもある2つの大きな棟持ち柱とみられる掘形があった。この母屋の四面

学界動向

に廂が, さらにその外側の東と南の二面には孫廂がつけられていた。掘形の中から出土した須恵器片と, 中山1号墳の周溝が孫廂を断ち切っていることから, この建物は6世紀後半から7世紀初頭のものと推定される。付近一帯の地名が阿部であることや, 国史跡・安倍寺跡の存在から, 安倍氏の山荘的な建物跡との見方がある一方, 葬送儀礼に伴う柵列や囲いなど仮の建造物とも考えられている。

長岡京跡から調邸跡?　長岡京の右京七条二坊推定地（京都府長岡京市調子1）を発掘調査していた長岡京市埋蔵文化財センターは内部に円形の穴51個が整然と並ぶ建物跡を発見, 長岡京に地方から届いた調を保管した調邸跡とみられている。このまるい穴は米などを貯蔵する大甕を固定するためのものと推定される。南北5.4m, 東西22.5m, 南側に幅3mの廂がついた建物跡の内部は東西2室に分かれ, 東室には4列21個（直径0.7m）, 西室には4列31個（直径0.7～1m）の穴が並んでいた。類例は平城宮大膳職でみつかっているが, 七条という場所から諸国が西市の周辺に設けた調邸とみられる。また甕が全くみつからないのは長岡京がわずか10年間の寿命で, 平安京に備品も含めて丸ごと移転したためらしい。

────────中部地方

古墳の周辺から土壙墓　福井県教育庁埋蔵文化財調査センターは敦賀市坂ノ下の明神山古墳群で発掘調査を進めていたが, 北側の堂坂支群にある7基の古墳の周辺から土壙墓が発見された。この土壙墓は長さ240cm×55cm, 深さ80cmで, 中から供献用の土師壺2点が並んでみつかった。4世紀後半のものとみられている。なお国

道8号線バイパス建設に伴い, 昨年4月から発掘調査が行なわれていた明神山古墳群では新たに円墳2基が発見され, これで古墳数は計18基となった。

縄文中期の住居跡20軒　米沢工業団地の建設に伴い, 長野県茅野市埴原田の棚畑遺跡で進められている発掘調査で約20軒の縄文時代中期の住居跡が出土, 遺跡全体では50軒を超える大きな集落になるものとみられている。住居跡は中期後半を中心に中葉, 初頭のものも含まれ, 磨製石斧, 石錘各3点が1ヵ所から出土した後期の土壙も発見された。遺物は中期から後期へかけての土器片, 石器類が大量に出土, 軽石製の石製模造品のほか, 後期初頭の女性を象った板状土偶（現高7cm）も出土した。なお集落の中央部から, 石棒, 大石皿, 丸石をもつ配石遺構と, 土器廃棄場とみられる所から, 中期の完形土偶（三角文透し彫り中空土偶）も出土している。

────────関東地方

弥生後期の銅釧　市原市文化財センターが発掘調査を行なっている市原市国分寺台にある根田6号墳の下層に検出された方形周溝墓（弥生時代後期）2基の主体部から, それぞれ5点ずつの銅製釧が発見された。銅釧の錆によって人骨がよく保存され, 腕着装の状況を知る事ができる好資料である。釧は, 径5.5cmで東日本での銅製釧の多数出土はきわめて珍しい。また, 根田6号墳（前期）の主体部からは, 長さ84cmの素環頭大刀をはじめ, 短剣, 鉇, 小型銅鏡（直径3cm）, 管玉などが検出され, 主体部の周囲および周溝内からは, 焼成前底部穿孔による壺形土器が出土している。

4時代の複合遺跡　栃木県安蘇郡田沼町飛駒の町屋遺跡で田沼町

教育委員会による発掘調査が行なわれ, 縄文時代の住居跡や弥生時代の再葬墓, 室町時代の土壙, 堀, 住居跡, 江戸時代の坐棺などがみつかり, 4時代にわたる複合遺跡であることがわかった。縄文時代の住居跡は後期の3軒分で, 部分的に敷石が抜きとられ羽子板状に残る長さ4.5mの敷石住居跡も含まれている。そのほか高さ70cmの大型埋甕や円形・楕円形の土壙30基もみつかった。弥生時代では直径1.2mの土壙内から7点の弥生土器がみつかり, 再葬墓とみられている。さらに室町時代では掘立柱建物跡6棟と幅8mの堀の中から常滑焼片や中国陶器片も出土した。

古墳時代の居館跡?　前橋市教育委員会が発掘調査を行なった前橋市西大室町の梅木遺跡で深さ1m, 幅5～6mの堀割と, 整然と並んだ柵列などが発見され, 古墳時代後期の居館跡ではないかとみられている。堀割は長さ70mで, 堀の内側の柵列の穴が36個あることから居館跡の遺構は約5,000m²（ただし桂川の氾濫により2/3ほどが削られている）で, 四方を柵が取り囲んでいたとみられている。時期は堀の底部から榛名山二ツ岳の噴火による火山灰層（6世紀前半）が確認されたことから, 堀がつくられたのはその直前かそれ以前とみられる。遺構は荒砥3古墳（前二子, 中二子, 後二子古墳）から東へ400～500mの至近距離にあり, 古墳との強いかかわりが想定される。

────────北海道地方

続縄文期の農耕跡?　札幌市教育委員会がさる59年～60年に調査した国鉄札幌駅北口（札幌市北区北6条西4丁目）で出土した続縄文時代後期の土壌などを専門家が鑑定したところ, ヒエやムギな

どの存在が確認され，当時すでに農耕が行なわれていた可能性も出てきた。藤原宏志宮崎大学助教授のプラントオパール調査からは少量のヒエとみられるキビ族の植物が，また北海道先史考古学研究会（事務局・北海道開拓記念館）の鑑定ではムギ3点とヒエ状，アワ状種子が確認された。いずれも今後の精査が必要であるが，続縄文時代後期の道央地方はそれまでの狩猟文化に，東北地方からもたらされた農耕文化が根づいていく過渡期だったとの見方もでてきた。

—————学会・研究会ほか

日本考古学協会第52回総会
4月26日，27日の両日，駒沢大学を会場に開催された。第1日目は総会のあと，午後から公開講演会，第2日目は研究発表が行なわれた。なお新委員長には桜井清彦早稲田大学教授が選ばれた。
<公開講演>
ギリシヤ的エジプト人ペトオシリスの遺品………杉　勇
転換期の考古学………角田文衞
<研究発表>
長野県野尻湖遺跡群の編年と地域的様相
……織笠　昭・野尻湖発掘調査団
岡山県恩原遺跡の旧石器時代石器群………稲田孝司
宮城県古川市馬場壇A遺跡の調査………鎌田俊昭・藤村新一
東京都多摩ニュータウン遺跡群の発掘調査
………比田井克仁・佐藤宏之
大阪府藤井寺市はさみ山遺跡における旧石器時代の住居址の調査
…………館　邦典・高山正久
石神　悟・一瀬和夫
イノシシの下顎第三後臼歯による年齢および死亡季節について
…………………坂田邦洋
底部内面に突起を有する特種な土器について…………宮　宏明

千葉県野田市槇の内遺跡の調査成果と漁業活動の検討
…………下津谷達男・金山喜昭
大阪府仏並遺跡の調査
…………岩崎二郎・松尾信裕
田中龍男・服部みどり
早稲田大学本庄校地内遺跡の発掘調査……………荒川正夫
残存脂肪分析法と原始古代の生活環境復原………佐原　真
小池裕子・中野益男
楯築弥生墳丘墓第5次発掘……楯築弥生墳丘墓第5次発掘調査団
宮城県仙台市富沢水田遺跡の調査………工藤哲司・斎野裕彦
埼玉県熊谷市小敷田遺跡の調査
…………今泉泰之・関　義則
茨城県小栗地内遺跡群の調査
…………阿久津久・瀬谷昌良
島根県荒神谷遺跡の発掘調査
…………宮沢明久・柳浦俊一
福岡市西区吉武大石遺跡の調査
…柳田純孝・力武卓治・下村　智
ヒノキ材による標準年輪変動パターンの確立と応用
…………田中　琢・光谷拓実
山形県の大型古墳について
…………………川崎利夫
米沢・山形盆地の前方後円（方）墳…加藤稔・手塚孝・藤田宥宣
大阪府豊中市御獅子塚古墳の調査………………柳本照男
福島県郡山市北山田2号墳の調査………………高松俊雄
仙台市郡山遺跡の調査
…………………木村浩二
飛島石神遺跡第5次・豊浦寺第3次の調査…木下正史・大脇　潔
古墳被葬者の親族関係について
…………田中良文・土肥真美
三重県における群集墳の一様相
……伊藤秋男・松原隆治ほか
埼玉の古式古墳
…………柳田敏司・増田逸朗
群馬県黒井峯遺跡の調査
…………井上唯雄・石井克己
鎌倉市長谷小路南遺跡の発掘調

査………大三輪龍彦・斉木秀雄
神奈川県鎌倉市今小路周辺遺跡の遺構変遷
………吉田章一郎・河野真知郎
平城京東市跡推定地の調査
…中井　公・森下恵介・立石堅志
大嘗宮の調査
………工楽善通・巽淳一郎
奈良県藤原京の調査
…………川越俊一・深沢芳樹
長野県塩尻市吉田川西遺跡調査概報…長野県埋蔵文化財センター
東京大学本郷記念館建設予定地の調査
…上野佳也・寺島孝一・小川静夫
新安沈船出土の木簡…岡内三真

石附喜三男氏　昭和61年3月27日大腸ガンのため死去された。47歳。札幌大学教授。昭和14年北海道生まれ。同志社大学大学院文化史専攻博士課程修了。擦文文化を中心とする北海道考古学研究の中心として活躍された。主な著書・論文に『北方の古代文化』（毎日新聞社，昭49）「擦文式土器とオホーツク式土器の融合・接触関係」（「北海道考古学」5，昭44）「北海道の原始文化」（『新版考古学講座』5，昭45）「北海道考古学からみた蝦夷」（「古代文化」38—2，昭61）がある。

松崎寿和氏　昭和61年5月30日脳内出血のため県立広島病院で死去された。72歳。広島大学名誉教授。大正2年山口県生まれ。東京大学文学部東洋史学科卒。中国考古学の研究に力を注ぎ，広島大学考古学教室では帝釈峡，草戸千軒などの発掘を手がけた。主な著書に『黄土地帯』（座右宝刊行会，昭17）『帝釈峡』（学生社，昭44）『中国の先史時代』（雄山閣，昭47）『中国考古学概説』（学生社，昭49）『中国考古学大系』（雄山閣，昭49〜54）『黄河・シルクロードの考古学』（雄山閣，昭60）がある。

■第17号予告■

特集　縄文土器編年の方法

1986 年10 月25 日発売
総 108 頁　　1,500 円

縄文土器編年の研究…………………小林達雄
編年の方法
　層位学的方法…………………………山崎純男
　型式学的方法
　　貝殻沈線文土器………………………高橋　誠
　　連弧文土器……………………………山崎和巳
　　加曽利B式土器………………………大塚達朗
　セット（組成）論
　　勝坂式土器……………………………植田　真
　　安行式土器……………………………金子裕之
　　大洞式土器……………………………藤村東男
　　文様帯論………………………………能登　健
　　文様系統論
　　　関山式土器…………………………新井和之

縁帯文土器………………………………泉　拓良
称名寺式土器……………………………柿沼修平
施文原体の変遷
　羽状縄文系土器………………………下村克彦
　竹管文土器……………………………可児通宏
　円筒土器………………………………石岡憲雄
　東釧路式土器…………………………大沼忠春
セリエーション…………………………小谷凱宣

＜連載講座＞　日本旧石器時代史　3
　　　　　　　　　　　　　　　　……岡村道雄
＜調査報告＞　山形県押出遺跡ほか
＜書　評＞　　　＜論文展望＞
＜文献解題＞　　＜学界動向＞

編集室より

◆考古学の目指す究極の学的探求と再構築の世界のひとつが，本号の主題のようなものではないでしょうか。そしてまた，大胆であるにしてもこのような特集を組むことができるようになったことは，確実に考古学が進歩した——ということがいえるような気がいたします。

考古学は確実に，文献史学では捉えない歴史的世界を歴史的現実としてイメージ化することができます。たとえば死者を弔う遺物や遺跡は，今日にも連綿とつづく民俗や思想とも関係があるかどうか，と考えさせ

ることでしょう。本号がもし何らかの手がかりを与えたとしたら……夢がふくらむ特集といえます。(芳賀)
◆4 世紀から5 世紀に至る時期は日本が非常な活況を呈した発展の時代といわれている。とくに近年の考古学的成果は群集墳の形成，横穴墓の築造開始を同期に遡らせ，豪族居館とよばれるものの発見や大開発の芽生えを読みとることができる。本号はそうしたものに焦点を合わせ，集落や祭祀を通してみた首長と民衆のかかわりなどにも触れている。日本の各地でいろいろなものが大規模に甦き出してきた，そんな時代を感じさせるのである。(宮島)

本号の編集協力者——岩崎卓也（筑波大学教授）
1929 年旧満洲生まれ，東京教育大学文学部史学科卒。『長野県森将軍塚古墳』『古墳時代の知識』「古墳時代集落研究序説」（古墳文化の新視角）「古墳時代祭祀の一側面」（史叢36）などの著書・論文がある。

■ 本号の表紙 ■
静岡県若王子古墳群

　藤枝市蓮華寺池近くの丘陵痩尾根に，計 33 基の古墳がひしめきあうように築かれている。若王子古墳群である。これらはいずれも径 20 m に満たない小規模な円墳や方墳にすぎない。しかし，1 号墳の捩文鏡や短冊形鉄斧，また 12 号墳の車輪石などは，この古墳群の形成が 4 世紀に遡る可能性を物語るものとして，注目しなければ ならない。近在の釣瓶落古墳群ともども，東国でもいわゆる古式群集墳が，早くから形成されたことを示す典型例といえよう。　(岩崎卓也)
（表紙写真は藤枝市教育委員会提供）

▶本誌直接購読のご案内◀

　『季刊考古学』は一般書店の店頭で販売しております。なるべくお近くの書店で予約購読なさることをおすすめしますが，とくに手に入りにくいときには当社へ直接お申し込み下さい。その場合，1 年分 6,000 円（4 冊，送料は当社負担）を郵便振替（東京3-1685）または現金書留にて，住所，氏名および『季刊 考古学』第何号より第何号までと明記の上当社営業部までご送金下さい。

季刊 考古学　第16号　　　1986年8月1日発行
ARCHAEOLOGY　QUARTERLY　　　定価 1,500 円

　　編集人　芳賀章内
　　発行人　長坂一雄
　　印刷所　新日本印刷株式会社
　　発行所　雄山閣出版株式会社
　　　　　　〒102　東京都千代田区富士見 2-6-9
　　　　　　電話 03-262-3231　振替　東京 3-1685
◆本誌記事の無断転載は固くおことわりします。
ISBN 4-639-00582-2　printed in Japan

季刊 考古学　オンデマンド版　第 16 号	1986 年 7 月 1 日　初版発行
ARCHAEOROGY　QUARTERLY	2018 年 6 月 10 日　オンデマンド版発行

定価（本体 2,400 円＋税）

編集人　　芳賀章内

発行人　　宮田哲男

印刷所　　石川特殊特急製本株式会社

発行所　　株式会社　雄山閣　http://www.yuzankaku.co.jp

〒 102-0071　東京都千代田区富士見 2-6-9

電話 03-3262-3231　FAX 03-3262-6938　振替　00130-5-1685

◆本誌記事の無断転載は固くおことわりします　ISBN 978-4-639-13016-1　Printed in Japan

初期バックナンバー、待望の復刻 !!
季刊 考古学 OD　創刊号～第 50 号〈第一期〉
全 50 冊セット定価（本体 120,000 円＋税）　セット ISBN：978-4-639-10532-9
各巻分売可　各巻定価（本体 2,400 円＋税）

号　数	刊行年	特　集　名	編　者	ISBN（978-4-639-）
創刊号	1982 年 10 月	縄文人は何を食べたか	渡辺 誠	13001-7
第 2 号	1983 年 1 月	神々と仏を考古学する	坂詰 秀一	13002-4
第 3 号	1983 年 4 月	古墳の謎を解剖する	大塚 初重	13003-1
第 4 号	1983 年 7 月	日本旧石器人の生活と技術	加藤 晋平	13004-8
第 5 号	1983 年 10 月	装身の考古学	町田 章・春成秀爾	13005-5
第 6 号	1984 年 1 月	邪馬台国を考古学する	西谷 正	13006-2
第 7 号	1984 年 4 月	縄文人のムラとくらし	林 謙作	13007-9
第 8 号	1984 年 7 月	古代日本の鉄を科学する	佐々木 稔	13008-6
第 9 号	1984 年 10 月	墳墓の形態とその思想	坂詰 秀一	13009-3
第 10 号	1985 年 1 月	古墳の編年を総括する	石野 博信	13010-9
第 11 号	1985 年 4 月	動物の骨が語る世界	金子 浩昌	13011-6
第 12 号	1985 年 7 月	縄文時代のものと文化の交流	戸沢 充則	13012-3
第 13 号	1985 年 10 月	江戸時代を掘る	加藤 晋平・古泉 弘	13013-0
第 14 号	1986 年 1 月	弥生人は何を食べたか	甲元 真之	13014-7
第 15 号	1986 年 4 月	日本海をめぐる環境と考古学	安田 喜憲	13015-4
第 16 号	1986 年 7 月	古墳時代の社会と変革	岩崎 卓也	13016-1
第 17 号	1986 年 10 月	縄文土器の編年	小林 達雄	13017-8
第 18 号	1987 年 1 月	考古学と出土文字	坂詰 秀一	13018-5
第 19 号	1987 年 4 月	弥生土器は語る	工楽 善通	13019-2
第 20 号	1987 年 7 月	埴輪をめぐる古墳社会	水野 正好	13020-8
第 21 号	1987 年 10 月	縄文文化の地域性	林 謙作	13021-5
第 22 号	1988 年 1 月	古代の都城―飛鳥から平安京まで	町田 章	13022-2
第 23 号	1988 年 4 月	縄文と弥生を比較する	乙益 重隆	13023-9
第 24 号	1988 年 7 月	土器からよむ古墳社会	中村 浩・望月幹夫	13024-6
第 25 号	1988 年 10 月	縄文・弥生の漁撈文化	渡辺 誠	13025-3
第 26 号	1989 年 1 月	戦国考古学のイメージ	坂詰 秀一	13026-0
第 27 号	1989 年 4 月	青銅器と弥生社会	西谷 正	13027-7
第 28 号	1989 年 7 月	古墳には何が副葬されたか	泉森 皎	13028-4
第 29 号	1989 年 10 月	旧石器時代の東アジアと日本	加藤 晋平	13029-1
第 30 号	1990 年 1 月	縄文土偶の世界	小林 達雄	13030-7
第 31 号	1990 年 4 月	環濠集落とクニのおこり	原口 正三	13031-4
第 32 号	1990 年 7 月	古代の住居―縄文から古墳へ	宮本 長二郎・工楽 善通	13032-1
第 33 号	1990 年 10 月	古墳時代の日本と中国・朝鮮	岩崎 卓也・中山 清隆	13033-8
第 34 号	1991 年 1 月	古代仏教の考古学	坂詰 秀一・森 郁夫	13034-5
第 35 号	1991 年 4 月	石器と人類の歴史	戸沢 充則	13035-2
第 36 号	1991 年 7 月	古代の豪族居館	小笠原 好彦・阿部 義平	13036-9
第 37 号	1991 年 10 月	稲作農耕と弥生文化	工楽 善通	13037-6
第 38 号	1992 年 1 月	アジアのなかの縄文文化	西谷 正・木村 幾多郎	13038-3
第 39 号	1992 年 4 月	中世を考古学する	坂詰 秀一	13039-0
第 40 号	1992 年 7 月	古墳の形の謎を解く	石野 博信	13040-6
第 41 号	1992 年 10 月	貝塚が語る縄文文化	岡村 道雄	13041-3
第 42 号	1993 年 1 月	須恵器の編年とその時代	中村 浩	13042-0
第 43 号	1993 年 4 月	鏡の語る古代史	高倉 洋彰・車崎 正彦	13043-7
第 44 号	1993 年 7 月	縄文時代の家と集落	小林 達雄	13044-4
第 45 号	1993 年 10 月	横穴式石室の世界	河上 邦彦	13045-1
第 46 号	1994 年 1 月	古代の道と考古学	木下 良・坂詰 秀一	13046-8
第 47 号	1994 年 4 月	先史時代の木工文化	工楽 善通・黒崎 直	13047-5
第 48 号	1994 年 7 月	縄文社会と土器	小林 達雄	13048-2
第 49 号	1994 年 10 月	平安京跡発掘	江谷 寛・坂詰 秀一	13049-9
第 50 号	1995 年 1 月	縄文時代の新展開	渡辺 誠	13050-5

※「季刊 考古学 OD」は初版を底本とし、広告頁のみを除いてその他は原本そのままに復刻しております。初版との内容の差違はございません。

「季刊 考古学　OD」は全国の一般書店にて販売しております。なるべくお近くの書店でご注文なさることをおすすめしますが、とくに手に入りにくいときには当社へ直接お申込みください。